Bruchstücke
über
Verbrechen und Strafen,
oder
Gedanken
über die
in den Preufsischen Staaten
bemerkte Vermehrung der Verbrecher
gegen die Sicherheit des Eigenthums;
nebst
Vorschlägen,
wie derselben durch zweckmäfsige Einrichtung der Gefangen-
anstalten zu steuern seyn dürfte.

Zum
Gebrauch der höhern Behörden.

Zweiter Theil.

Erster, Zweiter und Dritter Abschnitt.

Frankfurt und Leipzig
1803.

Zweiter Theil.

Vorschläge,

wie der

bemerkten Vermehrung der Verbrecher

gegen die Sicherheit des Eigenthums

durch

zweckmäſsige Einrichtung der Gefangenanstalten zu steuern

seyn dürfte.

Einleitung.

Zweckmäſsige Vorschläge zur besseren Einrichtung der Gefangenanstalten setzen eine genaue Bestimmung des eigentlichen Zwecks einer jeden Classe von Gefangenanstalten zum voraus, weil nur hieraus die Grundsätze hergeleitet werden können, welche bei einer zweckmäſsigen Einrichtung derselben zum Grunde zu legen sind. Diese Grundsätze müssen demnächst den Probirstein abgeben, um die zweckmäſsige oder unzweckmäſsige Einrichtung *unserer* Gefangenanstalten richtig zu beurtheilen, und hierauf müssen sich endlich die Vorschläge zur besseren Einrichtung derselben gründen.

Der Plan des zweiten Theils meiner Schrift ergiebt sich hiernach von selbst. Er zerfällt in *vier* Abschnitte.

Im *ersten* Abschnitt muſs ich den Zweck der verschiedenen Classen der Gefangenanstalten bestimmen.

Im *zweiten* Abschnitt muſs ich die aus richtigen Grundsätzen hergeleiteten Haupterfordernisse zweckmäſsig eingerichteter Gefangenanstalten angeben.

Der *dritte* Abschnitt mufs der Untersuchung gewidmet sein: inwiefern *unsere* Gefangenanstalten diesen Grundsätzen gemäfs eingerichtet sind, und dann erst können und müssen

Im *vierten* Abschnitt die Vorschläge zur bessern und zweckmäfsigern Einrichtung unserer Gefangenanstalten folgen.

Dies ist also der Plan des nun folgenden zweiten Theils meiner Schrift. Gelingt es mir, die darinn abzuhandelnden Gegenstände consequent, gründlich und vollständig zu bearbeiten, und richtige Theorie mit practischer Ausführbarkeit gehörig zu verbinden; so glaube ich für den Hauptzweck:

der in den Preufsischen Staaten bemerkten Vermehrung der Verbrecher gegen die Sicherheit des Eigenthums, durch zweckmäfsige Einrichtung der Gefangenanstalten, zu steuern,

alles das gethan zu haben, was die Pflichten meines Amts, in dieser Rücksicht, von mir fordern. Ich werde mir angelegen sein lassen, sie um so mehr mit gewohnter Freimüthigkeit gewissenhaft zu erfüllen, als ich in meinen Verhältnissen, und unter den sonst obwaltenden Umständen, den Vorwurf *unbefugter* und *absichtlicher* Anmaafsung zu scheuen nicht Ursache habe.

Erster Abschnitt.

Zweck der verschiedenen Classen der Gefangenanstalten.

Die tägliche Erfahrung beweiset und bestätigt es unwidersprechlich, daſs man nur gar zu oft, durch Voraussetzung ganz unrichtiger Zwecke dieser oder jener Classe der Gefangenanstalten, und durch offenbare Verwechselung der einen mit der andern, zu sehr unrichtigen Folgerungen, und zu eben so zweckwidrigen Verbesserungsvorschlägen, veranlaſst und verleitet wird, und es ist also dringend nothwendig: daſs man vor allen Dingen den Zweck der verschiedenen Gefangenanstalten, in Ansehung einer jeden Classe derselben, richtig bestimme.

Unsere bisherigen Gefangenanstalten theilen sich in *zwei* Hauptclassen:

1. in *Aufbewahrungsgefängnisse;*
2. in *Strafgefängnisse;*

und diesen sollen jetzt noch

3. *Besserungsanstalten,*

als eine *dritte* Hauptclasse, beigefügt werden.

Daſs der Zweck der ersten, ich meine der *Aufbewahrungsgefängnisse*, kein anderer sei, als

> sichere Aufbewahrung der Person des Verhafteten, und Beförderung einer zweckmäfsigen, schnellen und leichten Einleitung und Führung der Untersuchnng;

und dafs mithin in den Aufbewahrungsgefangnissen weder von *Bestrafung* der Verhafteten, noch von einer *Besserung* derselben die Rede sein könne, darunter ist man ganz einig und einverstanden. Ich brauche mich also hierbei nicht aufzuhalten, und wende mich sogleich zur Untersuchung des Zwecks der zweiten Classe der Gefangenanstalten, oder der *Strafgefängnisse.*

Die richtige Bestimmung des Zwecks derselben hängt von der richtigen Bestimmung des Zwecks der *Strafen* selbst ab, und ich mufs mich also darauf einlassen, so abgeneigt ich sonst auch bin, bei practischen Arbeiten auf theoretische Speculationen einzugehen.

Es ist jetzt eine beinahe allgemein gewordene Idee:

> dafs *Besserung*, und noch dazu *moralische Besserung* der Verbrecher, der *Zweck der Strafen* sei, mithin auch *Besserung*, und also auch *moralische Besserung* der Verbrechen, der *Zweck aller Strafgefängnisse* sein müsse.

Ich kann mich von der Richtigkeit dieser Idee nicht überzeugen, so viel blendendes und anziehendes sie auch immer haben mag. Meines Ermessens liegt dabei eine ganz offenbare Verwirrung der Begriffe zum Grunde, welche dadurch entsteht, dafs man die transcendentale Idee des *Strafzwecks,* ohne weitere Rücksicht und in ihrer abstracten Allgemeinheit, aus der *Metaphysic* in die *bürgerliche Gesetzgebung* überträgt.

Die Voraussetzung: *daſs Besserung des Bestraften Zweck der Strafe* sei, ist richtig und wahr, wenn man den Menschen als ein rein geistiges Wesen betrachtet, wenn man dabei von den Verhältnissen der Gottheit zum Menschen ausgeht, wenn man also einen jeden einzelnen Menschen als einen besondern Zweck vor Augen hat, und wenn also *Strafe* nichts anders heiſst, als die *natürliche* böse Folge einer jeden bösen That.

Sobald man aber den Menschen in der *bürgerlichen* Gesellschaft betrachtet, und von denjenigen Strafen die Rede ist, welche *der Staat* zu verhängen befugt und im Stande ist, so zeigen sich alle diese Verhältnisse ganz umgekehrt.

Der Mensch, als Mitglied der bürgerlichen Gesellschaft, kann nicht als ein rein geistiges moralisches Wesen, der einzelne Bürger kann nie als besonderer Zweck behandelt werden.

Will der Staat den Zweck aller Vereinigung in bürgerliche Gesellschaften erreichen, so kann, so muſs er nur immer das *Ganze*, nur immer die Masse der bürgerlichen Gesellschaft und deren Wohlsein, als *letztes Ziel* vor Augen haben.

Dieser Zweck aller Vereinigung in bürgerliche Gesellschaften geht bloſs auf die Erhaltung und Beförderung des *rechtlichen*, keineswegs des *moralischen* Zustandes der Gesellschaft.

Selbst die Natur und Beschaffenheit der Handlungen, gegen welche der Staat Strafen verhängt und zu verhängen berechtiget ist, bestätigt dies, und beweiset es mehr als zu deutlich, daſs es bloſs der *rechtliche Zustand* der Gesellschaft ist, auf welchen der Staat Rücksicht nimmt.

Handlungen, die auf den *rechtlichen* Zustand der Gesellschaft keinen Einfluſs haben, sondern *rein moralisch* sind, liegen ganz auſserhalb der Gränzen der bürgerlichen Strafgesetze. Der Staat droht nur Strafen, insofern unmoralische Handlungen *zugleich widerrechtlich* sind, insofern sie den *rechtlichen* Zustand der Gesellschaft stören oder aufheben, *nicht* insofern sie *bloſs unmoralisch* sind.

Der Staat richtet also seine Wirksamkeit, bei Ausübung des Strafrechts, bloſs gegen die *unrechtlichen* Handlungen der Mitglieder der Gesellschaft, ohne sich dabei, *in dieser Beziehung*, um die Triebfedern der Handlung, das heiſst um die moralischen Gesinnungen der Handelnden zu bekümmern, und er hat es mithin, *in dieser Beziehung*, bloſs und allein mit Handlungen zu thun, die auf den *rechtlichen* Zustand der Gesellschaft Einfluſs haben.

Ich wiederhole es nochmals: *in dieser Beziehung*, um den Verdacht von mir zu entfernen, als wenn ich *in andern Beziehungen* die höhern Bestimmungen des Staats, nach welchen er auch auf die Moralität seiner Bürger Rücksicht zu nehmen hat, verkennte und bezweifelte.

Ich bin sehr weit davon entfernt, und bin vielmehr vollkommen überzeugt: daſs der Staat, selbst bei der Ausübung seines Strafrechts, auf die

Moralität der Bürger eine *negative* Rücksicht zu nehmen verpflichtet ist. — Der Bürger bleibt Mensch, und wenn er gleich *als Bürger* nur der rechtlichen Ordnung der Dinge unterworfen ist, so hört er darum nicht auf, *als Mensch*, in einer höhern Ordnung auch höhere Zwecke zu haben. Der Staat darf diese höheren Zwecke nie aus den Augen verlieren, um nicht, während er seine eigenen Zwecke ausführt, diesen höheren Zwecken entgegen zu arbeiten, oder sie zu stören; und er muſs also, selbst bei Anordnung bürgerlicher Strafen, immer dahin sehen, daſs die Strafen, weder ihrer Natur nach, noch durch die Art der Execution, den moralischen Zustand des Verbrechers verschlimmern, sondern daſs sie ihm vielmehr *möglicherweise* Veranlassung werden können, die Verbesserung seines moralischen Zustandes *selbstthätig* zu bewirken.

Es ist aber etwas ganz anders, seine Handlungen auf *bestimmte Erreichung* eines Zwecks richten, und seine Handlungen so einrichten, daſs sie diesen Zweck nur *nicht stören*; mit andern Worten: einen Zweck *positive*, oder ihn bloſs *negative* vor Augen haben.

Hier, wo nicht von dem letztern die Rede ist, sondern es nur auf die Entwickelung des *positiven* Zwecks aller bürgerlichen Strafen ankömmt, bleibt demnach der Satz unumstöſslich wahr: daſs der Staat, *in dieser Beziehung*, bei Ausübung seines Strafrechts, nur die *Rechtlichkeit* der Handlungen seiner Bürger, als das einzige Ziel seiner Wirksamkeit vor Augen hat.

Der Zweck aller bürgerlichen Strafen ergiebt sich hieraus ganz von selbst. Der Staat hat nehmlich, nach den vorausgeschickten Grundsätzen, kein anderes Interesse, und kann kein anderes haben, als dafs seine Bürger diejenigen unrechtlichen Handlungen, welche *Verbrechen* genannt werden, *nicht* begehen sollen, und diesem gemäfs kann er, bei der Ausübung des ihm zustehenden Strafrechts keinen andern Zweck haben, als:

Verbrechen zu *verhüten*.

Nur dann also, wann der Staat irgend eine Handlung von der Beschaffenheit findet, dafs deren Begehen den *rechtlichen* Zustand der Gesellschaft stören oder ganz aufheben würde, verbietet er sie; und hätte er es mit lauter moralisch guten Wesen zu thun, oder wäre eine jede Handlung, welche dem *Ganzen* der Gesellschaft nachtheilig ist, für den *einzelnen Bürger* in gleichem Maafse nachtheilig: so würde es nichts weiter, als höchstens des blofsen Verbots bedürfen.

Das ist aber nicht der Fall. Der Staat hat es mit Menschen zu thun, die nicht rein geistige moralische Wesen sind, sondern von der *Sinnlichkeit* geleitet werden. Was dem *Ganzen* der Gesellschaft zuträglich und nöthig ist, das findet der *einzelne Bürger* seinem Privatvortheil und einzelnen Interesse — immer gleichviel wahrem oder eingebildetem — sehr oft entgegen.

Der Staat fürchtet also, und hat Ursache zu fürchten, dafs der einzelne Bürger, wenn er die Gründe für und wider eine unrechtliche Handlung abwägt, durch *Sinnlichkeit* verleitet, seinem Privatvortheil vor dem allgemeinen Besten den Vorzug geben möchte. Um dies zu verhüten, und dem Ausschlag, welchen die Vorstellung des Privatvortheils befürchten läſst, ein Gegengewicht entgegen zu setzen, sucht also der Staat durch Androhung *sinnlicher Übel*, die er unter dem Namen *Strafen* als unvermeidliche Folgen der verbotenen Handlung festsetzt, auf eben diese *Sinnlichkeit* zu wirken, damit derjenige, der zu der Handlung geneigt sein möchte, vor ihrem Begehen und bei der demselben vorhergehenden Überlegung, ein Gewicht mehr in die Wageschale des *Nicht-Begehens* der Handlung einzulegen habe.

Diesen bloſs auf Verhütung der Verbrechen gerichteten Zweck hat der Staat, wenn er Strafen *androht.* Ist aber dessen ungeachtet die widerrechtliche Handlung gegen das Strafgesetz erfolgt, so hat die *Androhung* der Strafe bei dem einzelnen Verbrecher, der die Handlung nun einmal begangen hat, jenen Zweck freilich verfehlt. Sie sollte aber auch nicht bloſs für den einen, sondern für alle wirken, und wird dies letztere mit noch gewisserem Erfolg und Nachdruck thun, wenn einem jeden, durch die *Vollziehung* der Strafe, ein anschauliches Beispiel vor Augen gestellt wird.

Auch bei *Vollziehung* der Strafe, ohne welche überdies die *Androhung* ganz unwirksam sein würde, bleibt also immer derselbe Zweck: *Verhütung der Verbrechen*; nie aber kann *die Besserung des einzelnen Verbrechers* ein *positiver* Zweck der Strafe werden.

Alle Gefängnifsstrafen müssen also, nach den obigen Grundsätzen, mit der Vorstellung eines dem Verbrecher *empfindlichen Übels* verknüpft sein, und der eigentliche Zweck der Strafgefängnisse bestehet solchemnach

in der Zufügung sinnlicher Übel.

Der Verbrecher soll im Strafgefängnifs ihm wirklich empfindliche körperliche Leiden erdulden. — Was für ein anderer, hiervon *verschiedener Zweck* bleibt nun wohl übrig, den die dritte Classe der Gefangenanstalten, ich meine die *Besserungsanstalten*, haben könnten? *Verschieden* hiervon mufs er sein; das liegt in der Natur der Sache. Denn hätten die *Besserungsanstalten* eben den Zweck, welcher den schon vorhandenen Aufbewahrungs- und Strafgefängnissen eigen ist, so wären sie in der That, nur mit verändertem Namen, nichts anders als *Aufbewahrungs-* oder *Strafgefängnisse.* Sie müssen also irgend einen *andern Zweck* haben, und das mufs zugleich ein solcher sein, welchen der Staat zur Erhaltung der rechtlichen Ordnung nicht blofs *zu beabsichtigen berechtigt*, sondern den er auch, nach der Natur der Dinge, *zu erreichen im Stande ist*; oder man spielt mit Worten, und setzt sich wohl gar der Gefahr aus, ganz unrichtige, vielleicht gar unmögliche Zwecke zu verfolgen, und sich vergebliche Arbeit zu machen.

Nach dem zu urtheilen, was ich bisher über die Besserungsanstalten gehört und gelesen habe, bin ich in der That zweifelhaft: ob ich das erstere oder das letztere annehmen soll?

Ist es wirklich ernstlich damit gemeint, dafs man die *moralische* Besserung der Verbrecher zum Hauptzweck derselben machen will; so würde, meines Erachtens, ein ganz unmöglicher Zweck verfolgt und vergebliche Arbeit gethan werden.

Will man dagegen hauptsächlich den *Namen* der bisherigen Gefangenanstalten ändern, und mit dieser Namensänderung eine bessere Einrichtung der unter dem Namen der Besserungsanstalten neu anzulegenden Aufbewahrungs- und Strafgefängnisse verbinden, so fürchte ich, man spielt mit Worten.

Mancherlei Gründe lassen mich das letztere vermuthen. Denn dafs wirklich die beabsichtigten Besserungsanstalten, wenn sie nach den bisherigen Planen eingerichtet werden, nichts anders sind und werden können, als *Aufbewahrungs- und Strafgefängnisse mit verändertem Namen*, das, glaube ich, wird niemand bezweifeln, der das, was ich darüber schon im ersten Theil dieser Schrift Seite 96 gesagt habe, mit irgend einiger Aufmerksamkeit gelesen hat; dafs es aber ganz *absichtlich* hauptsächlich nur auf eine *Namensveränderung* angesehen sei, das urtheile ich aus den Raisonnements, welche ich über die Sache nur gar zu oft gehört habe.

Zuchthäuser und Festungen, sagt man, sind durch ihre üblen und unzweckmäfsigen Einrichtungen so verrufen, und so sehr als Schulen der Verführung bekannt, dafs niemand mit einem Menschen, der einmal in einem Zuchthause oder in einer Festung gewesen ist, weiter etwas zu thun haben, noch sich seiner annehmen will. Eben um deshalb bleiben dergleichen Menschen ohne Beschäftigung, sind dem Mangel ausgesetzt, und durch die Noth zu neuen Verbrechen gezwungen, wenn sie auch wirklich den Vorsatz, besser zu leben, gefaſst haben. Wollte man also die Gefangenanstalten auch noch so gut einrichten, und noch so sehr dafur sorgen, daſs den Verführungen darinn vorgebeugt, und die Züchtlinge darinn sogar gebessert würden: so wird doch das *den Namen* der Zuchthäuser und Festungen einmal anklebende Vorurtheil eben die übleu Folgen fortdauernd hervorbringen, welche bis jetzt dem weiteren Fortkommen der wiederentlassenen Gefangenen im Wege standen. —

Wenn von wirklichen *Vorurtheilen* des Publicums gegen unsere Gefangen- und Strafanstalten die Rede wäre, so wurde sich dieses Raisonnement hören lassen. Das ist aber nicht der Fall. Das Publicum urtheilt so von den Entlassenen, nicht des *Namens* der Gefangen- und Strafanstalten wegen, sondern um deshalb, weil es von der bedauernswürdigen Einrichtung der Gefangen- und Strafanstalten unterrichtet ist, und durch tägliche Erfahrungen belehrt wird, daſs die Verbrecher in selbigen nicht gebessert, sondern noch mehr verdorben werden. Wie kann man sich also im Ernst schmeicheln, daſs das Publicum — wenn es erfährt, daſs die Verbrecher, welche man vormals in den Zuchthäusern und Festungen bestrafte, jetzt in die Besserungsanstalten zusammengebracht, darinn bestraft, und nach dem §. 12 der Circularverordnung vom 26ſten Febr. 1799 *durch die Strafe* gebessert werden sollen — gutherzig oder schwach genug sein werde, zu glauben, dafs nun die Entlassenen zu einer ganz andern Classe von Menschen gehören, welche mehr Zutrauen und Unterstützung verdiente!

Unser Publicum ist sicher nicht gutherzig und schwach genug, dies zu glauben, und wird sich vielmehr nach der neuern Einrichtung der Gefangen- und Strafanstalten näher erkundigen, und gar bald erfahren: ob und inwiefern solche besser eingerichtet, und den bisherigen häufigen und gewöhnlichen Verführungen darinn vorgebeugt sei.

Erfährt es nun, dafs man hauptsächlich nur den *Namen* der Gefangen- und Strafanstalten verändert hat, dafs aber den jetzigen häufigen Verführungen darinn nicht vorgebeugt ist, wie es nach dem entworfenen Plan *nicht* geschehen kann; so wird der *blofse Name* der Gefangen- und Strafanstalten, aus denen die Verhafteten entlassen werden, das Publicum nicht bewegen, mehr Zutrauen zu ihnen zu fassen, und sich ihrer thätiger anzunehmen.

Es kömmt hier in der That auf die *Sache*, nicht auf den *Namen* an. Will man bei dem Publicum ein gröfseres Zutrauen erwecken, und dadurch den entlassenen Verbrechern die Möglichkeit eines besseren Schicksals vorbereiten; so mufs man die Gefangen- und Strafanstalten wirklich verbessern, den jetzt darinn herrschenden schrecklichen Verführungen ein Ende machen, und zugleich die Besserungsanstalten, ihrem Zweck gemäfs, wirklich so einrichten, dafs die Besserung der darinn Aufgenommenen, insofern der Staat sie beabsichtigen und bewirken kann, wahrscheinlich zu erwarten ist. —

Inwiefern kann nun aber der Staat die Besserung der in den Besserungsanstalten Aufgenommenen beabsichtigen und bewirken? Welchen von den Zwecken der Strafgefängnisse *verschiedenen* und wirklich erreichbaren Zweck kann er sich bei Anlegung der Besserungsanstalten vorsetzen?

Verbrechen zu verhüten, ist nach dem, was ich oben ausgeführt habe, der Zweck des Staats bei Verwaltung des Criminalwesens. Um diesen Zweck zu erreichen, droht und verhängt er sinnliche Übel, das heifst *Strafen*, welche für alle Bürger ein Moment mehr in der Wageschale des Nicht-Begehens widerrechtlicher Handlungen sein sollen.

Dies Moment nun ist für *alle* berechnet, und kann eben darum, weil es für *alle* berechnet werden mufs, nur nach einem *mittlern* Proportionalmaafs berechnet sein.

Gerade um deshalb aber, weil diese Berechnung für *alle* gemacht werden mufs, und nur nach *mittlern* Verhältnissen möglich ist, kann sie schlechterdings nicht mit mathematischer Genauigkeit für *jeden Einzelnen* zutreffen. Gleichwohl trifft die Anwendung der Strafe nur immer *Einzelne*, und hier zeigt sich dann oft ein so offenbar unrichtiges Verhältnifs des angenommenen *mittlern* Proportionalmaafses zu dem einzelnen zur Berechnung kommenden Fall, dafs irgend eine *Reduction* dringend nothwendig wird.

Der Richter kann und darf sich zwar dieselbe nicht anmaafsen, sondern mufs *nach den Gesetzen* erkennen; aber der Staat selbst hat immer, so lange es Staaten giebt, das Recht ausgeübt, dem *einzelnen* Verbrecher, wenn die für *alle* gedrohte Strafe in der Anwendung zu hart schien, nur eine solche Strafe aufzulegen, als er diesem Einzelnen angedroht haben würde, wenn *einzelnen* Bürgern, in der Regel, Strafen angedroht werden könnten, und sie nicht für *alle* bestimmt und berechnet werden müfsten.

Dies ist das *Begnadigungsrecht*, dessen Ausübung man der höheren Staatsgewalt noch nie mit erheblichen Gründen streitig gemacht hat, und auf welches auch der Richter, in einzelnen Fällen, *aufmerksam zu machen* befugt und verbunden ist.

Sollte es also für den entgegengesetzten Fall, wenn ein einzelner Verbrecher zur Kenntnifs des Richters kömmt, bei welchem es *gewifs*, oder *bis zum höchsten Grade wahrscheinlich* ist, dafs die für *alle* berechnete Strafe für ihn kein hinlängliches Moment in der Wageschale des Nicht-Begehens eines gewissen Verbrechens gewesen sei, noch künftig sein werde, — sollte es in diesem Fall, in welchem die durch das Gesetz gedrohte Strafe zu gelinde erscheint, um ihren Zweck an diesem einzelnen Verbrecher zu erfüllen, kein jenem Begnadigungsrecht entgegenstehendes Recht des Staats geben?

In *Verschärfung* der Strafe kann es nicht bestehen, die ist nicht denkbar; denn eine jede durch das Gesetz *nicht* angedrohte Strafe ist keine *Strafe*, sondern eine *Gewaltthätigkeit.* —

Dagegen handelt der Staat keinesweges gewaltsam, sondern vielmehr gerecht und seinem allgemeinen Zweck bei Verwaltung der Criminaljustiz:

Verbrechen zu verhüten,

völlig consequent, wenn er *nach erfolgtem richterlichen Ausspruch*, dafs ein solcher Fall vorhanden sei, solche Anstalten trifft, wodurch er gegen die eingewurzelten Neigungen einzelner Bürger zu diesem oder jenem Verbrechen sicher gestellt wird.

Man nenne dieses Recht des Staats *Präventionsrecht*, *Nothwehrrecht*, oder wie man es sonst nennen will; die Befugnifs dazu wird niemand bezweifeln, der nicht ein Vergnügen darinn findet, an Worten zu kleben, und, statt richtige Begriffe zu verfolgen, Spitzfindigkeiten als Grundsätze aufzustellen.

Diese Sicherstellung des Staats, gegen dergleichen einzelne Verbrecher, kann nun nicht anders bewirkt werden, als dafs der Staat Verbrecher dieser Art unter seine nähere Aufsicht nimmt; und hierzu müssen besondere Anstalten vorhanden sein, die schlechterdings *keine Strafanstalten* sein dürfen.

Denn so wenig der verurtheilte oder zur Verurtheilung reife Verbrecher von der gesetzlichen Strafe seines begangenen Verbrechens befreit, und *gleich* in eine Besserungsanstalt gebracht werden kann, sondern vielmehr zuförderst die gesetzliche Strafe seines begangenen Verbrechens im Strafgefängnifs *abbüfsen* mufs: eben so wenig kann er auch, *nach Abbüfsung derselben*, noch ferner gestraft werden. Es kömmt, nach Abbüfsung der Strafe, blofs auf die *sichere Aufbewahrung* desselben an, und Anstalten dieser Art sollen und müssen also keine Strafgefängnisse sein, sondern blofs zur sichern Aufbewahrung der Verbrecher dienen.

Von fortgesetzten sinnlichen Übeln kann und mufs darinn gar nicht weiter die Rede sein, das einzige unvermeidliche Übel der Einschränkung der persönlichen Freiheit ausgenommen. Sonst müssen die Verhafteten in denselben gerade eben so gehalten werden, wie ein ordentlicher, aber dürftiger Mensch, *freiwillig* sein Leben anordnen würde und müfste, wenn er ehrlich bestehen wollte. —

Die Richtigkeit des schon vorher erwähnten Grundsatzes: dafs ein wirklicher Verbrecher nicht eher in eine Besserungsanstalt aufgenommen werden darf, bis er die gesetzliche Strafe seines Verbrechens abgebüfst hat, ergiebt sich hieraus von selbst. Denn da die Strafe in Erduldung sinnlicher Übel bestehet, von welchen in Besserungsanstalten, bis auf die Einschränkung der persönlichen Freiheit, nicht weiter die Rede ist; so würde der, *vor* Abbüfsung der Strafe seines Verbrechens, in die Besserungsanstalt gebrachte Verbrecher der Strafe seines Verbrechens geradehin entgehen und straflos bleiben. Dies ist den Zwecken aller Strafen zuwider, und kann also um so weniger geschehen, als es gewifs einem jeden von selbst in die Augen leuchten wird: dafs die blofse Einschränkung der persönlichen Freiheit, für ungebildete Menschen, welche ganz eigentlich nur für die Besserungsanstalten gehören, kein hinlängliches sinnliches Übel sei, um sie von Verbrechen abzuhalten. —

Wie lange übrigens die Einschränkung der persönlichen Freiheit in den Besserungsanstalten fortdauern, und diese nähere Aufsicht des Staats fortgesetzt werden müsse, das läſst sich nach einem gewissen Zeitmaaſs im voraus nicht bestimmen. Sie kann und muſs vielmehr so lange statt haben, als der Grund fortdauert, aus welchem sie verhängt wurde; das heiſst: sie muſs so lange fortgesetzt werden, als der Staat von der eingewurzelten Neigung des einzelnen Verbrechers unrechtliche Handlungen zu befürchten hat, als er nicht überzeugt ist, daſs jene bösen Neigungen *wahrscheinlicherweise* ausgerottet und unterdrückt sind, und man also vermuthen kann, daſs der Verbrecher *besser* geworden sei.

Also doch *Besserung*? — Ja! *Sicherstellung des Staats* gegen die eingewurzelten Neigungen seiner Bürger zu unrechtlichen Handlungen, und *physische Besserung der Verbrecher*, [1]) das ist der Zweck, den Besserungsanstalten haben können und sollen. Ich sage *physische* Besserung der Verbrecher; nicht deshalb, weil ich eine *moralische* Besserung derselben für etwas unbedeutendes und überflüssiges erachte; nein! bloſs deshalb, weil ich sie einestheils, wenigstens bei uns, in Besserungsanstalten für unausführbar und für so etwas unmögliches halte, daſs

---

[1]) Ich habe mich über diesen Ausdruck schon im ersten Theil dieser Schrift Seite 97 erklärt.

sie nie Zweck derselben werden kann, und weil ich anderntheils schlechterdings keine Vorschriften und keinen Maaſsstab anzugeben weiſs, nach welchen das Ereigniſs einer *moralischen* Besserung, und die dadurch bewirkte Sicherstellung des Staats, auch nur mit einiger Wahrscheinlichkeit, beurtheilt und gewürdigt werden könnte.

Denn wenn ich gleich die *Möglichkeit* der moralischen Besserung eines oder des andern Individuums in Besserungsanstalten *an und für sich* nicht bestreite, und gern zugebe, daſs für ein oder das andere Individuum, die in denselben gegebene *Veranlassung* zu einer moralischen Besserung von glücklichem Erfolg sein *könne*: so sind und bleiben dies doch *ganz zufällige Ereignisse*, welche nur durch die eigene freie Selbstthätigkeit des Verbrechers hervorgebracht, aber nie bei einer solchen vom Staat zu treffenden Einrichtung zum Zweck gemacht werden können.

Auf die Moralität eines moralischen Wesens wirken zu wollen, ist überhaupt und unter allen Umständen etwas sehr miſsliches und gewagtes. Es giebt meines Erachtens nur Ein Verhältniſs, in welchem dieser Versuch mit Erfolg gemacht werden kann, und das ist das Verhältniſs eines Vaters zu seinen Kindern. Man vergleicht nun zwar oft genug die Pflichten des Staats mit den Pflichten eines Vaters, und leitet aus dieser Vergleichung manches her, was nicht immer paſst; indessen wird man doch wohl so weit nicht gehen wollen, diesen Vergleich bis auf die zu bezweckende moralische Bildung und Besserung der Verbrecher auszudehnen.

Das elterliche Band wird durch die Natur selbst geknüpft, und Liebe und Dankbarkeit, die an sich schon Moralität voraussetzen, halten es zusammen. Das Kind, welches moralisch erzogen werden soll, wird dem Vater unverdorben von der Natur überliefert; es ist gleichsam ein unbeschriebenes Blatt, auf welchem er nichts unreines auszulöschen hat, sondern nur, so gut er es versteht, reine Charaktere verzeichnen darf. Die Biegsamkeit des jugendlichen Menschen, und dessen Empfänglichkeit für Belehrung, erleichtern diese Bildung noch mehr, und doch misſglückt oft dem redlichsten und besten Vater die moralische Erziehung!

Gegen dieses Bild nun stelle man die Lage, in welcher sich der Staat gegen die Verhafteten in den Besserungsanstalten befindet! Er nimmt in seine Besserungsanstalten Menschen auf, die, ehe sie in seine Hände kommen, schon so verderbt sind, daſs er ihnen, um sich gegen ihre eingewurzelten Neigungen zum Verbrechen sicher zu stellen, nicht einmal die *persönliche Freiheit* lassen darf. Von Liebe und Dankbarkeit des Verbrechers gegen den Staat, als seinen Wohlthäter, kann gar nicht die Rede sein, und eben so fällt auch eine entsprechende Zuneigung des Staats zu dem Verbrecher von selbst als lächerlich in die Augen.

Der Staat kann endlich diejenigen, welche er in die Besserungsanstalten aufnimmt, nur durch besoldete Officianten behandeln lassen. Wie will und kann er von diesen *als rechtliche Verpflichtung* verlangen, daſs sie Zuneigung gegen den Verhafteten hegen, oder sich die seinige erwerben sollen?

Alles dies läſst sich nicht denken, und wie himmelweit ist also nicht das Verhältniſs des Staats gegen die Verbrecher von dem Verhältniſs des Vaters gegen seine Kinder unterschieden!

Wie könnte sich also wohl je der Staat die moralische Besserung der Verbrecher zum *Zweck* machen wollen? Er hat ja die Mittel dazu nicht in Händen. Er kann *nur durch Zwangsmittel* auf einen *positiven* Zweck hinwirken; Zwangsmittel aber können nie auf moralische Besserung wirken, denn gerade der *Zwang* ist es, der allen *Begriff* von Moralität zerstört, und es unmöglich macht, irgend eine Vorschrift und einen Maaſsstab anzugeben, wornach das Ereigniſs einer moralischen Besserung, und die dadurch bewirkte Sicherstellung des Staats, auch nur mit einiger Wahrscheinlichkeit, beurtheilt und gewürdigt werden könnte.

Moralität herrscht allein in den Gesinnungen und in dem Innern des Menschen, und moralische Besserung bestehet nicht bloſs in einer Veränderung der *Handlungen*, sondern in einer Umschaffung der *Gesinnungen.* Es ist kein Mittel, sie mit Sicherheit zu beurtheilen, als wenn man Gelegenheit hat, mehrere äuſsere *freie* Handlungen eines Menschen kennen zu lernen, und mehrere *difforme* freie Handlungen desselben mit einander zu vergleichen. Und doch gehört oft eine lange Reihe von Jahren dazu, um über den moralischen Werth eines Menschen einigermaſsen richtig zu urtheilen.

Wie können es sich also die Vorsteher der Besserungsanstalten je beikommen lassen, in das Innere der Gedanken eindringen, und über die moralische Besserung der Verbrecher urtheilen zu wollen? Der Verhaftete in den Besserungsanstalten ist ja nicht *frei*, und kann nicht *frei handeln*. Zum Rauben, Stehlen, Betrügen und andern Verbrechen hat er darinn nur selten Gelegenheit; Müssiggang, Üppigkeit und Wohlleben werden ihm nicht gestattet. Er muſs die vorgeschriebene äuſserliche Ordnung und Ehrbarkeit befolgen, wenn er sich nicht unmittelbaren physischen Übeln aussetzen will, und er handelt also *nicht frei*, sondern immer gezwungen; wenigstens läſst es sich nie bestimmen: ob er das, was er den ihm ertheilten Vorschriften gemäſs thut, aus Furcht vor der unmittelbar folgenden Strafe, oder aus freiem Triebe that. —

Sehr wahr und sehr richtig drückt sich hierüber die Magdeburgische Zuchthaus-Inspection in einem unter dem 28sten Januar 1800 an das Criminaldepartement erstatteten Bericht aus. „Jeder „Gefangene," — heiſst es darinn — „hat nach den „Policeigesetzen des Zuchthauses nur wenig Pflich„ten zu erfüllen, um sich als fleiſsiger, ruhiger „und ordentlicher Mensch zu *zeigen*. Regelmäſsig „wird er zur Morgen- und Abendandacht, zur Ar„beit und Ruhe geführt. Fügt sich ein solcher „Mensch nicht in diese Ordnung, so hat er *Casti„gation* zu gewärtigen, und da er nur mit dem

„Strom zu schwimmen hat, so gewöhnt er sich „bald dazu. Über ihn wird keine Klage geführt, „und man müſste am Ende glauben, er sei *gebes-* „*sert*; im Grunde ist aber weiter nichts als *gezähm-* „*ter Wille* vorhanden.“ —

Hat nun vollends noch in den Besserungsanstalten die Einrichtung statt, daſs die sogenannten *moralisch Besseren* Vorzüge im Essen, im Trinken, in der Kleidung und Arbeit genieſsen, und ist es den Verhafteten bekannt, daſs von ihrer *moralischen Besserung* ihre Entlassung abhängig ist, dann ist es noch weniger möglich, über ihre moralische Besserung zu urtheilen.

Der verschmitzteste Bösewicht hat dann das beste und sicherste Spiel. Er wird sicher äuſserlich die meiste Moralität zeigen. Er wird singen, beten, weinen, seufzen, und mit sichtbar gröſserer Andacht als irgend ein andrer Gesinnungen zur Schau tragen, über die er im Herzen lacht. Indem man also zu weit geht, und moralisch bessern will, wird man Heuchler bilden [2]), und nicht einmal so viel erreichen, als ich bei meinem nicht so weit

---

[2]) Wenn es noch nöthig wäre, eine so einleuchtende Wahrheit mit Erfahrungsbeweisen zu belegen, so würde ich auf das verweisen, was der Prediger Wagenitz, dem man hierüber gewiſs nicht Erfahrung absprechen wird, in seiner Schrift *über die moralische Besserung der Zuchthausgefangenen* bei mehreren Gelegenheiten, und insonderheit im *sechsten Abschnitt*, bemerkt.

gesteckten Ziel zu erreichen hoffe, wenn der Verhaftete weiſs: daſs er bloſs zur Arbeit und Ordnung gewöhnt werden soll, und sein Entlassen, über kurz oder lang, von seinem Gewöhnen zur Arbeit und Ordnung, und von dem Ersparen eines Capitals zu seinem weitern Fortkommen abhängt. —

Vielleicht aber dürfte man hiergegen einwenden: daſs, wenn der Verhaftete weiſs, daſs nicht sein Prangen mit äuſserer Andacht und Moralität, wohl aber sein Fleiſs, seine Ordnungsliebe und seine Ehrbarkeit, ihm zur Entlassung verhelfen können, er nun zwar nicht, aus eigennützigen Absichten, beten, singen und moralische Gesinnungen zur Schau tragen werde, daſs er dessen ungeachtet aber suchen werde, mich durch sein fleiſsiges Arbeiten, durch seine Ordnung und Ehrbarkeit zu täuschen. — Und freilich muſs ich dessen gewärtig sein; aber ich will auch dem Verbrecher diesen Versuch *mich* zu täuschen sehr gern verstatten, in der Erwartung: ob ich es nicht am Ende selbst bin, der *ihn* täuscht. Er *affectirt* Arbeitsamkeit, Ordnungsliebe und Ehrbarkeit, um mich zu täuschen, und indem er dies geraume Zeit fortsetzt, und — wenn er anders Entlassung hoffen will — *mehrere Jahre* fortsetzen muſs, *gewöhnt* er sich vielleicht an alle diese Tugenden, und wird so am Ende von mir getäuscht. — In jedem Fall werde ich weiter kommen, als man es bei einer beabsichtigten moralischen Besserung bringen wird, und werde dabei nicht der Gefahr ausgesetzt sein, moralische Heuchler zu bilden. —

Die Nordamerikanischen Besserungsanstalten scheinen zwar dem allen, was ich gegen die Ausführbarkeit einer moralischen Besserung in Besserungsanstalten gesagt habe, zu widersprechen, und einen Erfahrungsbeweis des Gegentheils zu liefern; indessen ist dies in der That nicht der Fall.

Zuförderst steht es wohl noch immer dahin; ob das, was diese unstreitig merkwürdigen Gefangenanstalten leisten, mehr durch *moralische Besserung*, oder mehr durch ein *Gewöhnen zur Arbeit und Ordnung*, erreicht werde. Das strenge Gewöhnen zur Arbeit und Ordnung wird wenigstens darinn nicht vernachlässigt. Der Staat wirkt auch dort durch Zwangsmittel. Er hält die Verhafteten zur Arbeitsamkeit, Ordnung, Mäfsigung und zur äusseren Ehrbarkeit an, und überläfst, ohne über den Zweck seiner Bestimmung hinauszugehen, die *moralische* Besserung derselben einer seiner *Religionsgesellschaften*, welche sich die moralische Besserung der Verhafteten zur Pflicht macht. Dies sind die *Quacker*, denen man hauptsächlich die Nordamerikanischen Gefangenanstalten zu verdanken hat. Denn sie eigentlich waren es, die sie mit einem enthusiastischen Religionseifer, und mit Verwendung der gröfsten Kosten, aus ihrem eigenen Vermögen gründeten und einrichteten. Sie selbst, und unter ihnen die angesehensten Familien und Hausväter, stellten sich an die Spitze dieser Anstalten, und wurden Vorsteher derselben. Sie sind es auch noch, und verwalten dieselben fortwährend mit einem Eifer, der sich unter andern Umständen gar nicht erwarten läſst.

Sie fangen in der That da an, wo der Staat zu wirken aufhören muſs. Der Staat wirkt nemlich, wie gesagt, durch Zwangsmittel, und hält durch selbige die Verhafteten zur Arbeitsamkeit, Ordnung, Mäſsigkeit und äuſseren Ehrbarkeit an. Sie aber suchen persönliches Zutrauen, Achtung und Dankbarkeit gegen sich zu erwecken, und verschaffen ihren Bemühungen, auf die Moralität durch Religion und Überzeugung zu wirken, erst dadurch Eingang. Und das alles thun sie aus eigener Moralität, aus freiem Antrieb, aus innerem Eifer. —

Der Staat kann und muſs dergleichen Bemühungen mit Dankbarkeit erkennen und bewundern; fordern aber kann er sie nicht, und noch weniger da erschaffen, wo sie sich ihm nicht freiwillig darbieten.

Dergleichen findet sich aber bei uns nicht. Denn wo ist der Religionseifer, wo der Gemeingeist, von dem sich dergleichen auch nur entfernt erwarten lieſse?

Ich will dies nicht als Tadel unsrer Nation gesagt haben; es soll nur zur Unterstützung meiner Behauptung gereichen: daſs Besserungsanstalten mit dem Zweck, die Verhafteten *moralisch* zu bessern, *bei uns wenigstens nicht ausführbar* sind, wenn man sie auch an sich für möglich halten wollte.

In den Nordamerikanischen Gefangenanstalten ist daher mehreres möglich, was bei uns ganz unausführbar ist, und dahin gehört, aufser dieser *moralischen* Besserung der Verbrecher, insonderheit auch noch die dort in gewisser Art eingeführte Verbindung der Straf- und Besserungsanstalten.

Denn zu geschweigen, dafs unsere nun einmal vorhandenen Gefangenanstalten, ohne einen übermäfsigen Kostenaufwand, nicht ganz umgeschmolzen, und in die Nordamerikanische Form gebracht werden können, auch Nationalcharakter, Sitten und Bildung wohl schwerlich eine so gelinde Behandlung der Sträflinge zweckmäfsig erlauben dürften, als in den Nordamerikanischen Gefangenanstalten statt hat; so sind es doch dort auch einzig und allein die *Quacker*, welche diese Verbindung möglich und zweckmäfsig machen. Sie, die durch Religion und Überzeugung, mithin auf Verstand und Empfindungen, oder mit einem Wort auf den *geistigen* Menschen wirken; sie, die jeden einzelnen Gefangenen als besondern Zweck betrachten, und ihre Bemühungen dem individuellen Bedürfnifs eines jeden anzupassen suchen; sie, die dies alles aus reiner Menschenliebe, und mit völliger, dem Verhafteten selbst einleuchtenden, Uneigennützigkeit thun, die dadurch zuerst gegen sich selbst Dankbarkeit und Zuneigung zu erregen wissen, und auch ähnliche Empfindungen gegen die Obrigkeit, die den Verbrecher nach nothwendigen Gesetzen straft, durch zweckmäfsige Vorstellungen erwecken können: sie sind allein im Stande, in ihren Wirkungen dem allgemeinen philosophischen

Strafzweck, welcher in der Besserung des Fehlenden besteht, näher zu kommen. Sie lassen den Staat nach den Grundsätzen, nach welchen der Staat nur handeln kann, verfahren, und lassen dessen Strafen auf den *sinnlichen* Menschen wirken, während sie eben diese Wirkungen in eine höhere Ordnung der Dinge zu leiten, und sich mit dem *moralischen* Menschen zu beschäftigen suchen. Hier ist es möglich, die Strafgefängnisse selbst zu einer Schule der Besserung zu machen. Hier können Straf- und Besserungsanstalten verbunden, oder vielmehr hier brauchen sie nicht getrennt zu werden. Ihre Zwecke fallen zusammen, nur dafs der Zweck des *Strafens* vom Staat, der Zweck des *Besserns* aber von der Religionsgesellschaft beabsichtigt, ausgeführt und erreicht wird. —

Bei dieser ganz verschiedenen Beschaffenheit der Umstände bleibt also bei uns nur die *physische* Besserung der Verbrecher das einzige Ziel, welches *wir* uns vorstecken können, und dies kann man auch nach meiner Überzeugung in zweckmäfsig eingerichteten Besserungsanstalten erreichen.

Der wirklich *moralischen* Menschen, die mit Überlegung, nach moralischen Grundsätzen handeln, giebt es der Zahl nach eben so wenig, als der wirklich *unmoralischen* Menschen, die mit Überlegung die Grundsätze der Moral verletzen. *Gewohnheit*, und *Neigungen*, die durch eine Reihe von Jahren zur Gewohnheit werden, sind die häufigsten und stärksten Triebfedern der menschlichen Handlungen. Der Mensch ist zu nichts so geneigt als zum *Gewöhnen.* Er gewöhnt sich zur Tugend wie zum Laster, zur Arbeit wie zum Müssiggang, zur Mäfsigkeit wie zum Wohlleben, zur Ordnung wie zur Unordnung.

Müssiggang, Neigung zum Wohlleben und Hang zur Unordnung, sind daher die Motive der mehrsten Verbrechen; wenigstens verdienen die aus diesen Motiven handelnden Verbrecher ungleich mehr die sorgfältigste Aufmerksamkeit des Staats, als Verbrecher aus *Leidenschaft.*

Selten wird der Verbrecher aus Leidenschaft als ein solcher erscheinen, den der Staat unter nähere Aufsicht zu nehmen nöthig hat, um sich gegen seine künftigen unrechtlichen Handlungen sicher zu stellen.

Die Classe der Menschen, welche sich für die Besserungsanstalten *hauptsächlich* — ich möchte sagen *ausschliefslich* — qualificirt, besteht fast lediglich aus solchen, welche sich dem Müssiggang, dem Wohlleben und der Unordnung ergeben, und sich daran gewöhnt haben. Es sind gröfstentheils Diebe, Betrüger, Vagabonden, Bettler und feile Dirnen. Alle diese werden fast durchgehends durch den Hang zum Müssiggang, zum Wohlleben und zur Unordnung, der bei ihnen Gewohnheit geworden ist, zum Verbrechen und Laster hingerissen. Unter hundert Dieben ist kaum einer, welcher stiehlt, um Reichthümer und Schätze zu sammeln. Alle stehlen, weil sie sich zum Müssiggang und zu einer üppigen Lebensart gewöhnt haben, und eben dies ist bei den meisten Betrügern, und bei fast allen Vagabonden, Bettlern und feilen Dirnen die Veranlassung ihrer Handlungen und ihres Lebenswandels.

Warum sollte es also nicht möglich sein, einen grofsen Theil dieser Classe von Menschen *durch Gewöhnen* zur Arbeit und Ordnung zu bessern? So gut sie sich zum Müssiggang, zum Wohlleben und zu einer unordentlichen Lebensart *gewöhnten*, eben so gut *können* sie sich auch wieder zur Arbeit, zur Mäfsigung und zur Ordnung *gewöhnen*.

Physische Besserung, durch Gewöhnen zur Arbeit und Ordnung, liegt nicht aufser den Gränzen aber der Möglichkeit. Sie ist sogar wahrscheinlich; aber sie ist auch die einzige, welche ich als *Besserungszweck* der Besserungsanstalten anerkenne. —

Meine *physische* Besserung unterscheidet sich von der *moralischen* Besserung, mit der man sich auf eine an sich sehr menschenfreundliche Art schmeichelt, nicht nur durch ihren *verschiedenen Zweck*, sondern auch durch die *Verschiedenheit in den Grundsätzen der Behandlungsart*.

Sie ist in ihrem *Zweck* verschieden; denn ich will den Verbrecher nicht veredeln, nicht moralisch besser machen. Ich sage: ich *will* den Menschen nicht veredeln, nicht moralisch besser machen, weil ich es nicht *kann*; weil dies kein Mensch, und am wenigsten eine unter uns ausführbare, eine vom Staat allein anzuordnende Besserungsanstalt, bewirken kann.

Wird zufälligerweise ein einzelner Verbrecher, während des Aufenthalts in einer Besserungsanstalt, auch *moralisch* besser; desto besser für ihn! das Verdienst davon aber kann nur er selbst allein haben. Meine Besserungsanstalt kann sich keinen Theil davon anmaafsen, noch auf eine andere als *negative* Art darauf Rücksicht nehmen; das heifst: sie kann nur dafür sorgen, dafs der Verbrecher in den Besserungsanstalten nicht verführt werde, dafs er überhaupt keine Veranlassung erhalte, moralisch schlimmer, wohl aber, so weit der Staat dergleichen Veranlassung geben kann, ohne es als eigenthümlichen Zweck sich vorzusetzen, moralisch besser zu werden.

Meine Besserungsanstalt soll aber auch in Ansehung der *Einrichtung und der Behandlungsart der Gefangenen* von der vorgeschlagenen sehr unterschieden sein.

Ich will nicht Aufbewahrungs- und Strafgefängnisse mit den Besserungsanstalten verbinden, sondern die letztern von den erstern gänzlich trennen.

Ich will keine Verbrecher, und am wenigsten *schwere* Verbrecher, nach geschlossener spruchreifer Untersuchung, bis zum Austrag der Sache, vorläufig in die Besserungsanstalten aufnehmen, und diese solchergestalt in Aufbewahrungsgefängnisse verwandeln, und mit Leuten anfüllen, von welchen ich noch nicht weifs: ob sie einer Besserung *durch Gewöhnen zur Arbeit und Ordnung* bedürfen, und ob sie zur Classe der *besserungsfähigen* Verbrecher gehören.

Ich will *von den Verbrechern* keine andern als

solche aufnehmen, welche die gesetzmäſsige Strafe ihres begangenen Verbrechens in den Strafgefängnissen schon *abgebüſst* haben, von welchen sich aber der Criminalrichter überzeugt, und durch richterlichen Ausspruch festgesetzt hat: daſs die ihnen zuerkannte gesetzliche Strafe, und das für sie in den Gesetzen bestimmte Strafmaaſs, wahrscheinlich kein zureichendes Gleichgewicht ihrer eingewurzelten Neigung zum Verbrechen sei, sie aber in einer Besserungsanstalt, durch Gewöhnen zur Arbeit und Ordnung, möglicherweise gebessert werden dürften [3]).

---

[3]) Daſs die Gerichtshöfe mit ausführlichen Vorschriften zu versehen sind, nach welchen Grundsätzen sie dergleichen Erkenntnisse abzufassen haben, versteht sich von selbst, und behalte ich mir vor, unten deshalb die nöthigen Vorschläge zu thun.

Zur Zeit sind sie damit noch nicht versehen. Die Circularverordnung vom 26sten Februar 1799 setzt zum voraus, daſs die Verbrecher in den neu anzulegenden sogenannten Besserungsanstalten (welches jedoch, wie ich schon oben ausgeführt habe, nicht Besserungsanstalten, sondern neue Strafanstalten unter einem andern Namen sein würden) *bestraft* werden sollen.

Sie verordnet also, daſs, wenn die Sache nicht durch bloſse körperliche Züchtigung abgemacht werden kann, alle Diebe, Diebeshehler und Betrüger *sofort* in die sogenannten Besserungsanstalten gebracht, in selbigen *bestraft*, und darinn, theils auf bestimmte Zeit, theils auf unbestimmte

Das Aufbewahren der Verbrecher in den Besserungsanstalten soll daher auch bei mir nicht *Strafe*, sondern bloſs *Mittel* zur Erreichung des beabsichtigten Zwecks *der Sicherstellung des Staats* gegen die eingewurzelte Neigung der Verbrecher, und der *physischen Besserung* der letztern sein.

Ich will darinn nicht weiter *strafen*; und kann und darf darinn, nach meinen Grundsätzen, ohne Grausamkeit zu begehen, dem Verbrecher, seines abgebüſsten Verbrechens wegen, auch nicht das mindeste *sinnliche Übel* weiter zufügen.

Ich will daher keinen Unterschied zwischen *gelinden* und *strengen* Besserungsanstalten, wenn ich gleich vollkommen damit einverstanden bin, daſs gegen einzelne Verbrecher, die sich nicht zur Arbeit und Ordnung bequemen wollen, mehrere Strenge, *nach Art einer Ordnungsstrafe*, gebraucht werden muſs.

Ich will nicht auf den *moralischen*, sondern hauptsächlich auf den *physischen* Menschen; nicht auf *Gesinnungen*, sondern auf *Neigungen* wirken.

Ich will nicht Nachdenken und Reue durch *Einsamkeit* zu erwecken suchen; wenn ich allenfalls

---

Zeit, so lange aufbewahrt werden sollen, bis sie entweder *durch die erlittene Strafe* (§. 12.) wirklich gebessert, oder bis sie begnadigt worden.

Auf Besserungsanstalten, so wie sie der Staat zweckmäſsig anordnen kann und muſs, und sie nach meinem Ideal eingerichtet sein sollen, paſst dieſes nicht.

auch nichts dagegen habe, dafs man den Versuch mache, inwiefern eine mit Arbeit verbundene Absonderung von aller Gesellschaft *als Ordnungsstrafe* dem Charakter und der Denkart unsrer Nation angemessen sei, und mit Nutzen gebraucht werden könne. [4]) Ich will überhaupt nicht *überzeugen*, sondern blofs *gewöhnen*.

Ich will aber die Zöglinge zu solchen Arbeiten gewöhnen, denen sie sich vorher schon gewidmet hatten, die sie vor ihrem Eintritt in die Besserungsanstalten trieben, und die sie, nach ihrer Entlassung aus denselben, ohne Schwierigkeiten fortsetzen können. Ich will daher auch solche Arbeiten, welche aufser der Anstalt betrieben werden müssen, um so weniger aus den Besserungsanstalten ausschliefsen, als meine Besserungsanstalten keine Strafanstalten sein sollen, und nur in den letztern das Arbeiten aufser dem Hause bedenklich sein kann.

---

[4]) Bei vorzüglich schweren und schrecklichen Verbrechen möchte die *Entfernung von aller Gesellschaft und ganz einsame geschäftslose Gefängnifsstrafe* vielleicht mit Nutzen in den Criminalcodex aufgenommen werden können; in den Besserungsanstalten aber, und bei gewöhnlichen, blos aus Müssiggang und aus Hang zum Wohlleben entstandenen Verbrechern kann einsame Gefängnifsstrafe nur als Ordnungsstrafe zweckmäfsig sein, und immer mufs sie hier mit dem Gewöhnen zum Arbeiten verbunden sein und bleiben.

Ich will, je nachdem die einzelnen Verhafteten Aussichten haben, sich, nach ihrer Entlassung, von dieser oder von jener Arbeit am leichtesten zu ernähren, ihre Arbeiten bestimmen, und ihnen *keine Wahl* derselben überlassen.

Ich will alle *gleich kleiden*, und so *beköstigen*, dafs es ihnen an den nöthigen physischen Kräften zur Arbeit nicht fehle; ich will hierauf, selbst bei Anordnung der Ordnungsstrafen, Rücksicht nehmen [5]).

Ich will sie alle, die dem Anschein nach moralisch guten und bösen, nach ihren Kräften und nach ihren Fähigkeiten, mit *gleicher* Strenge zur Arbeit und Ordnung anhalten.

Ich will allen *Verführungen* mit der gröfsten Sorgfalt vorbeugen, und die boshaften Verführer von den schwachen Verführten, in der Regel, nicht nach ihrem Betragen *in* den Gefangenanstalten, sondern hauptsächlich nach dem *vorherigen* Lebenswandel der Verbrecher, und der *Art ihres Verbrechens* unterscheiden. Ich will daher die Vorsteher der Besserungsanstalten mit dem vorher geführten Lebenswandel und dem Charakter der Verhafteten möglichst bekannt machen, und will alle diejeni-

---

[5]) Alle auf Einschränkung der Kost gerichtete Ordnungsstrafen würde ich ganz abschaffen. Sie schwächen die physischen Kräfte des Verbrechers, hindern dessen Gewöhnen zur Arbeit, und führen aufserdem noch zu mancherlei nicht zu vermeidenden Mifsbräuchen.

gen, von welchen man *active* Verführung zu befürchten hat, von denjenigen ganz absondern, deren *passive* Verführung man besorgen muſs.

Ich will zwei verschiedene Arten von Besserungsanstalten anlegen, die sich aber, an und für sich, wie ich es schon gesagt habe, nicht durch *Strenge* und *Gelindigkeit*, sondern hauptsächlich nur dadurch unterscheiden sollen: daſs in der einen alle zu einem Besserungsversuch geeignete Verbrecher aufzunehmen, deren Besserung *mit Wahrscheinlichkeit* zu erwarten steht; wohingegen in der anderen alle zu einem Besserungsversuch qualificirte Verbrecher aufzubewahren, deren Besserung *zweifelhafter*, und in Ansehung deren mit Grund zu befürchten ist, daſs man nicht im Stande sein werde, sie, ihrer äuſserlichen, sowohl bürgerlichen als religiösen, Verhältnisse wegen, oder weil sie schon einen hohen Grad der Verderbniſs erreicht haben, der in den gewöhnlichen Besserungsanstalten einzuführenden Ordnung unterwürfig zu machen.

Ich will diesen den Eintritt in die gewöhnlichen Besserungsanstalten nicht gestatten, sondern für sie besondere Besserungsanstalten in einigen *Festungen* anlegen. —

In beiden Classen der Besserungsanstalten soll die Aussicht der dereinstigen Entlassung der Verhafteten, verbunden mit der Hoffnung auf ein für sie, zu ihrem weiteren Fortkommen, erspartes Capital, die hauptsächlichste Belohnung für Fleiſs und Arbeitsamkeit sein. Keiner soll, seines *scheinbaren moralischen Wohlverhaltens* wegen, *augenblicklich* zu erwartende Vortheile geniefsen.

Fleifsig und arbeitsam sollen sie *alle* sein; dazu will ich sie nöthigenfalls durch Zwangsmittel anhalten, *ohne ihnen deshalb weitere Belohnungen zu verheifsen.* Nur *aufserordentlicher* Fleifs soll ihnen, unter zweckmäfsigen Einschränkungen, *einige* unmittelbare Vortheile gewähren, weil *aufserordentlicher* Fleifs weder verlangt, noch durch Zwangsmittel bewirkt werden kann.

Für einen *vernünftigen Gottesdienst* und den *Zuspruch eines Geistlichen* will ich sorgen; aber blofs weil ich glaube, dafs der Staat, vermöge seiner Pflicht, auf die moralische Besserung der Verbrecher *negative* Rücksicht zu nehmen, hierzu verbunden ist, und weil ich, selbst den Gottesdienst der ungebildeten Menschenclasse als so etwas betrachte, was mehr oder weniger von Gewohnheit an sich hat, wenn es gleich, durch seinen inneren Adel, Folgen nach sich ziehen kann, die von besserer Tendenz sind, als andere Gewohnheiten.

Ich will endlich keinen, der nicht *eine gewisse, festzusetzende, nicht unbeträchtliche Zeit* in der Besserungsanstalt zur Arbeit und Ordnung gewöhnt ist, daraus entlassen, wenn er sich auch noch so gut aufführt, und noch so gute moralische Gesinnungen äufsert, deren Werth auch die vorsichtigste Direction zu beurtheilen und zu schätzen nicht vermag.

Ich will aber auch die Zöglinge aus den Besserungsanstalten *nicht nackend und blofs entlassen*; ich will sie vielmehr bei ihrer Entlassung mit den nöthigen Kleidungsstücken und sonstigen Bedürfnissen versehen, und dazu die nöthigen Veranstaltungen bei ihrer Aufnahme in die Straf- und Besserungsanstalten treffen.

Ich will ihnen während ihres Aufenthalts in den Besserungsanstalten *ein Capital sammlen*, will ihnen solches bei ihrer Entlassung zu ihrem anderweitigen Etablissement mitgeben, mich gleich nach ihrer Entlassung sorgfältig um sie, und um die zweckmäfsige Verwendung des ihnen mitgegebenen Capitals bekümmern, und dahin sehen, dafs der Entlassene nicht durch äufsere Umstände genöthigt werde, die bessern Gewohnheiten wieder zu verlassen.

„Nun gut!" — höre ich antworten — „der „Verbrecher soll also blofs zur Arbeit und Ordnung „gewöhnt werden; wird ihn aber das wirklich bes„sern? wird dadurch sein Hang und seine Neigung „zum Verbrechen unterdrückt werden? Die Erfah„rung ist dagegen. Wir haben einige gut einge„richtete Zuchthäuser, in welchen die Züchtlinge „mit aller Sorgfalt zur Arbeit und Ordnung ge„wöhnt werden; und doch sieht man sie, unmit„telbar nach ihrer Entlassung, zum Müssiggang „und zum Wohlleben zurückkehren, und die Bahn „des Lasters aufs neue betreten."

Ich kann diesen Erfahrungssatz nicht bestreiten; ich bin aber überzeugt, dafs hieran die *Art* der Behandlung der Züchtlinge, selbst in unsern jetzt noch am besten eingerichteten Zuchthäusern, hauptsächlich und beinahe lediglich schuld ist.

Zuförderst gewöhnt man die Züchtlinge nicht zu einer so pünktlichen, ich möchte sagen *mechanischen* Ordnung, als ich beabsichtige. Man läfst ihnen sogar allerhand Gelegenheit, ihrem Hang zum Wohlleben mehr oder weniger zu folgen, indem man ihnen, bald den sogenannten Überverdienst, bald die milden Gaben derer, von denen sie etwas erbetteln können, zur eigenen ganz *freien* und *unbedingten* Disposition anvertraut.

Man ist demnächst lange nicht sorgfältig genug darauf bedacht, Verführungen zu verhüten. Die abgefeimtesten Verführer, und die, deren Verführung man zu fürchten Ursach hat, sind *ohne gehörige Aufsicht* in beständiger Gemeinschaft mit einander. Nirgends kennt man Absonderungen, welche auf Verhütung der Verführungen abzwecken. Alle Absonderungen, welche in einigen unsrer am besten eingerichteten Strafanstalten statt haben, sind darauf nicht zweckmäfsig berechnet. Man ordnet sie blofs nach dem *äufseren* guten oder schlechten Betragen der Verbrecher *während* ihres Aufenthalts in den Strafanstalten an, und setzt so die allerabgefeimtesten Bösewichter oft in die beste Classe. Denn diese, welche es gemeinhin schon aus Erfahrung wissen, dafs sie sich in den Strafanstalten am Ende doch zur Ordnung bequemen müssen, sind gerade die, welche sich äufserlich am besten betragen. Ich berufe mich auch dieserhalb auf das Zeugnifs des schon in der 2ten Note allegirten Predigers Wagnitz, und wird es also wohl keines weitern Beweises bedürfen, daſs eine solche Absonderung keinen zweckmäſsigen Erfolg haben, und dadurch Verführung nicht verhütet werden kann.

Nach meiner Überzeugung giebt es nur ein einziges minder trügliches, den Verführungen zweckmäſsiger vorbeugendes Classificationssystem, und das bestehet, wie ich es schon oben gesagt habe, in der Absonderung nach den verschiedenen *Arten der Verbrechen*, und nach dem Lebenswandel der Verbrecher *vor* ihrer Verhaftung.

Denn die in der That sehr weit gehenden Verführungen in den Gefangenanstalten, über welche das Publicum klagt, und welche die Aufmerksamkeit des Gouvernements erregt haben, fallen eigentlich nur *Dieben*, *Diebeshehlern*, *Räubern* und *Betrügern* zur Last, und sind bloſs von diesen zu befürchten. Will man noch mit dem Prediger Wagnitz [6]) die *feilen Dirnen* hinzusetzen, wogegen ich im allgemeinen nichts zu erinnern finde, so sind gewiſs alle Classen von Verbrechern, bei denen man einen Hang zu Verführungen vermuthen kann, vollständig erschöpft.

Verbrecher aus Leidenschaft denken selten, ich möchte sagen *nie*, an Verführung. Ihre Leidenschaft ist nach vollbrachtem Verbrechen befriedigt, und wird gewöhnlich von ihnen selbst bereuet.

---

6) Historische Nachrichten und Bemerkungen. Theil I. Seite 76.

Selten beabsichtigen sie nach vollbrachter That noch andere Vortheile.

Diebe, Diebeshehler, Räuber und Betrüger, nebst den feilen Dirnen, nähren dagegen vor der Hand noch immer den Hang zum Müssiggang und Wohlleben. Unter hunderten ist kaum einer, der ihn nicht, mit der Hoffnung eines glücklichen Erfolgs, gern noch ferner befriedigen möchte. Die gegenseitigen Erzählungen von ihren verübten Handlungen, von der dabei angewandten List und Verschlagenheit, von den dabei statt gehabten zufälligen Begebenheiten, von den Maafsregeln der Obrigkeiten, wodurch sie entdeckt worden, von ihrem verschmitzten Benehmen bei der Untersuchung, und wie sie die Nachforschungen der Obrigkeit ganz oder zum Theil zu vereiteln gewufst haben, und was dergleichen mehr ist, sind ihnen daher erwünscht und angenehm. Schon geübte Verbrecher bilden sich dadurch vollends aus, und Anfänger werden zu verstockten und abgefeimten Bösewichtern gemacht.

Dabei lernt diese Classe von Menschen sich untereinander näher kennen. Sie vereinigen sich in den Gefängnissen zu Diebes- und Räuberbanden, und verabreden schon in den Aufbewahrungs- und Strafanstalten die meisten neuen Verbrechen.

Auch hiermit aber, und mit dieser Verführung unter sich, begnügen sie sich nicht. Sie verführen auch andere, welche bis dahin an Stehlen, Rauben und Betrügen nicht dachten. Sie werben sie zu ihren Gehülfen an, und bilden sie in den

Gefangenanstalten zu Räubern, Dieben und Betrügern.

So werden durch die Bestrafung der Verbrechen, bei der jetzigen Einrichtung der Aufbewahrungs- und Strafanstalten, Verbrechen nicht verhütet. Es werden vielmehr in diesen Anstalten Verbrecher gebildet, mithin, wie ich schon oben bemerkt habe, durch die Bestrafung der Verbrecher, welche auf *Verhütung* der Verbrechen abzwecken soll, die Verbrechen in der That *vermehrt* und *befördert*.

Alle Diebe, Räuber, Betrüger und Diebeshehler müssen daher von anderen Verbrechern abgesondert, und unter sich nach Maafsgabe ihres *vor der Verhaftung* geführten Lebenswandels in gewisse Classen abgetheilt werden, wenn diesen schrecklichen Verführungen ein Ende gemacht werden soll. Geschiehet dies nicht, so wird es immer wie bisher bleiben; alle Zuchthäuser, welche ihrer Bestimmung nach Häuser der Zucht und Ordnung sein sollten, werden durchaus angesteckt werden, und in wahre Verführungspepinieren ausarten. —

Man hält ferner in den Gefangenanstalten die Züchtlinge gar nicht zu denjenigen Arbeiten an, denen sie sich von Jugend auf gewidmet hatten. Man gewöhnt sie vielmehr zu Arbeiten, die sie, auch bei dem besten Willen, nach ihrer Entlassung nicht fortsetzen können.

Der Züchtling, welcher sich von Jugend auf ländlichen Handarbeiten gewidmet hatte, der sein Brodt mit Karren, Graben und ländlichen Feld- und

Handarbeiten erwarb, wird in diesen Anstalten zum Spinnen, zum Raspeln, zum Wollkratzen und zu ähnlichen Arbeiten angehalten. Der Schneider, Schuster und andere Handwerker haben ein gleiches Schicksal, und im Grunde werden sie alle nicht zur Arbeit *gewöhnt*, sondern derselben noch mehr *entwöhnt*, indem man sie gerade zu denjenigen Arbeiten, die sie von Jugend auf getrieben, die sie verlassen, und deren sie sich entwöhnt hatten, die sie aber nach ihrer Entlassung wieder treiben sollen, gar nicht anhält, sondern zu Arbeiten gewöhnt, welche sie nach ihrer Entlassung, auch bei dem besten Willen, fast niemals fortsetzen können.

Denn zum Fortsetzen dieser Arbeiten gehört Vorschufs oder Vertrauen, und beides hat der Entlassene nicht. Der Fabricant vertraut ihm seine Waaren nicht an, und Sicherheit kann er ihm nicht bestellen. Er kann also die Arbeit, wozu man ihn gewöhnt hatte, nicht fortsetzen, und am wenigsten kann es der Landmann, oder der, welcher sich von Jugend auf dem Landleben und den ländlichen Arbeiten gewidmet hatte. Er findet nicht einmal ein ferneres Unterkommen auf dem Lande. Der Gutsbesitzer braucht Handarbeiter auf seinem Gute, nicht Spinner, nicht Raspler, nicht Wollkratzer und dergleichen.

Der Handwerker hat sein schon vernachlässigtes Handwerk vollends verlernt, und noch weniger Lust dazu als vorher, und fast alle gerathen also, nach ihrer Entlassung, in eine so traurige Lage, dafs sie beinahe gezwungen sind, die Ordnung und

Arbeitsamkeit, zu der man sie gewöhnt hatte, wieder zu vergessen, die Bahn des Lasters aufs neue zu betreten, und ihren alten fehlerhaften Neigungen zum Müssiggang, zur Unordnung und zum Wohlleben aufs neue zu folgen.

Diesem allen tritt endlich noch bei, daſs man sie fast immer nackend und bloſs entläſst, sie gleich nach ihrer Entlassung ihrem eigenen Schicksal anvertraut, und sich gar nicht um sie bekümmert. —

Die gesetzliche Vorschrift, daſs ein jeder zu Entlassender, dessen Nahrungszweige nicht bekannt sind, nachweisen soll, womit er sich fernerhin ehrlich zu ernähren willens und im Stande sei, wird durchaus nicht anders, als eine bloſse unbedeutende und wirkungslose Förmlichkeit behandelt, und nach Lage der Sache ist solches auch, wie ich es unten weiter ausführen werde, nicht anders möglich. — Die aus den Strafanstalten selbst eingegangenen Berichte bestätigen dies und gestehen es unverhohlen ein. —

Ohne also zu wissen, wovon sich ein solcher Mensch ernähren kann und will, entläſst man ihn fast immer nackend und bloſs, und giebt ihn dem drückendsten Mangel an allen Bedürfnissen des Lebens preis. Niemand bekümmert sich weiter um ihn, niemand nimmt ihn auf, er ist ganz seinem eigenen Schicksal überlassen.

Er selbst kann sich nicht helfen; und so gehen die Bessergesinnten mit den Verruchten und Boshaften fast immer denselben Weg. Sie kehren fast alle, einer mit dem andern, zum Laster zurück, und man hat in der That nicht Ursache sich zu verwundern, daſs es geschieht.

Denn auf der einen Seite drückt den Entlassenen *augenblicklicher* Mangel und Hunger, und auf der andern Seite hat er nichts weiter zu befürchten, als die *Möglichkeit* der Entdeckung, und dann die Wiedereinsperrung in die Strafanstalt, welche er — für den die *bloſse Beraubung der persönlichen Freiheit* nicht so abschreckend ist, als für einen gebildeten mit zureichendem Lebensunterhalt versehenen Menschen — oft als eine solche hat kennen gelernt, in der man von *sinnlichen Übeln* — dem Wesen aller Strafen — nichts weiſs. —

Denn auch hierunter sind viele Zuchthäuser und Strafanstalten ganz zweckwidrig eingerichtet. Den Verbrechern werden darinn keine solche sinnliche Übel zugefügt, als jede Strafe, ihrer Natur nach, mit sich führen soll. — „Für grobe Verbre„cher —“ heiſst es unter andern in einem Bericht der Stargardtschen Zuchthausdirection vom 21ſten November 1799 — „ist die Zuchthausstrafe „so leicht, daſs sie solche nicht achten, indem „sie in einer gesunden Stube, die bei kalter Witte„rung gehörig geheizt wird, sitzen, in den kurzen „Tagen Morgens und Abends zum Spinnen Licht „bekommen, und keine schwerere Arbeit thun, als „daſs sie Wolle spinnen, wofür sie eben das, was „in der Stadt bezahlt wird, bekommen; demnächst „sie das nöthige Lagerstroh nebst Koch- und Wasch„holz, imgleichen Koch- Wasch- und Spinngeräth„schaften erhalten, und dabei immer beständige

„Gesellschaft, die sie nicht besser gewohnt sind, „haben, und unter sich *ganz vergnügt* leben.“ —

Wer kann zweifeln, auf welche Seite die Wageschale des Begehens und Nichtbegehens neuer Verbrechen, unter diesen Umständen, den Ausschlag geben wird, und wie ist es möglich, dafs man unter diesen Umständen, und bei einem *solchen* Gewöhnen zur Arbeit und Ordnung, Besserung des Verbrechers verlangen und erwarten kann? Sie läfst sich in der That nicht als möglich denken, und jener aus vermeintlichen Erfahrungen abstrahirte Einwand steht also meiner *physischen* Besserung nicht entgegen.

Der Zweck, welchen ich in Besserungsanstalten, die nach meinem Ideal eingerichtet sind, beabsichtige, ist also ein solcher, welchen der Staat nicht blofs zu beabsichtigen berechtigt, sondern auch nach der Natur der Dinge zu erreichen im Stande ist, und dieser Zweck bestehet, wie ich schon oben gesagt habe:

> in Sicherstellung des Staats gegen die zu sehr eingewurzelten Neigungen einzelner Bürger zu *unrechtlichen* Handlungen, und in *physischer* Besserung der Verhafteten.

Der Unterschied der verschiedenen Classen der Gefangenanstalten unter sich ergiebt sich übrigens aus dem, was ich über den eigentlichen Zweck einer jeden gesagt habe, von selbst, und ich brauche mich also auf eine nähere Entwickelung und Bestimmung desselben nicht einzulassen.

Zweiter Abschnitt.

Haupterfordernisse zweckmäſsig eingerichteter Gefangenanstalten.

Nachdem ich die verschiedenen Zwecke näher erörtert und festgestellt habe, welche sich der Staat, bei einer jeden einzelnen Classe der Gefangenanstalten, vorzusetzen befugt und zu erreichen im Stande ist: so kömmt es nun ferner auf eine nähere Darstellung der *Haupterfordernisse* an, welche zweckmäſsig eingerichtete Gefangenanstalten haben müssen, wenn der Staat die Erreichung seiner Zwecke hoffen und mit Zuversicht erwarten soll.

Ich habe schon oben bemerkt, daſs, wenn gleich der eigentliche und specielle Zweck des Staats, bei Ausübung seines Strafrechts, die *Erhaltung der rechtlichen Ordnung* ist, er dennoch die höheren Ordnungen der Dinge, für welche und in welchen der Mensch lebt, nie aus den Augen lassen dürfe, und daſs er daher, bei der Ausübung seines Strafrechts, immer solche Mittel zur Erreichung seines speciellen Zwecks wählen müsse, wodurch jene höheren Ordnungen nicht gestört, sondern so viel möglich befördert werden.

Die Erreichung des speciellen Zwecks bei Ausübung des Strafrechts ist also dasjenige, worauf der Staat, bei Einrichtung der Gefangenanstalten, *positive* Rücksicht zu nehmen hat, wohingegen seine *negative* Rücksicht auf das Nichtstören der höheren Zwecke des Menschen gerichtet sein mufs.

Die erstere Rücksicht begründet hauptsächlich seine *Rechte*, die zweite seine *Pflichten*, und aus beiden zusammen müssen sich die Hauptererfordernisse zweckmäfsig eingerichteter Gefangenanstalten ergeben.

Es drängen sich mir mehrere derselben auf, welche ich bei allen Classen der Gefangenanstalten, unter einigen hier und da statt habenden Modalitäten und Einschränkungen, für unentbehrliche Erfordernisse zweckmäfsig eingerichteter Gefangenanstalten erachte. Ich will davon hier nur die hauptsächlichsten und wichtigsten bemerken. Die meisten derselben sind von der Art, dafs niemand ein Bedenken haben kann, sie als Haupterfordernisse zweckmäfsig eingerichteter Gefangenanstalten anzunehmen. Sie sind beinahe alle eben so allgemein dafür anerkannt, als sie allgemein vernachlässigt werden, und es kömmt also mehr darauf an, sie nur kürzlich aufzuzählen, als sie mit weitläuftigen Beweisen zu rechtfertigen. Ich rechne dahin hauptsächlich nachstehende Sätze.

I.

Gefangenanstalten müssen für sich bestehende Anstalten sein, und dürfen mit Armenanstalten, Waisen-

häusern, Hospitälern und Irrenhäusern nicht verbunden werden.

Einheit in der Einrichtung und Verwaltung eines Instituts ist bei allen Instituten, die ihren Zweck erreichen sollen, das erste und wesentlichste Erfordernifs. Bei den Gefangenanstalten ist dies ganz vorzüglich der Fall, weil nicht nur die Gefangenen einer jeden Classe derselben nach *einerlei Grundsätzen* zu behandeln sind, sondern zugleich auch auf jeden einzelnen Gefangenen *specielle Rücksicht* genommen werden mufs, wenn der Zweck dieser Anstalten erfüllt werden soll.

Bei Verbindung der Gefangenanstalten mit andern Anstalten, welche von ganz anderer Natur sind, ganz andere Zwecke haben, und eine ganz andere Einrichtung und Verwaltung erfordern, ist dies schlechterdings unmöglich, und jene unentbehrliche *Einheit* bei der Einrichtung und Verwaltung eines solchen *combinirten* Instituts läfst sich weder denken noch erwarten.

Kranke, Wahnsinnige und Arme, welche der Staat verpflegt, und Waisenkinder, die er erzieht, erfordern eine ganz andere Behandlung, als Gefangene, die er aufbewahren, strafen, oder zur Arbeit und Ordnung gewöhnen mufs. Kost, Kleidung, Arbeit, Wartung, Aufsicht und überhaupt alles, ist in einer jeden dieser Anstalten, wenn sie zweckmäfsig eingerichtet sind, nach ihren verschiedenen Zwecken, sehr verschieden. Eine jede dieser Anstalten erfordert eine besondere Einrichtung des Locals, eine jede braucht ganz andere

Officianten. Ein guter Krankenwärter, ein milder Waisenvater, ist gemeinhin ein sehr schlechter und unbrauchbarer Aufseher auf Züchtlinge, und so auch umgekehrt. Mit einem Wort, ein jedes dieser verschiedenen Institute erfordert eine ganz besondere und verschiedene Einrichtung und Verwaltung.

Bei der Verbindung derselben mit einander muſs also diese in das kleinste Detail gehende Verschiedenheit *entweder* wirklich statt haben, *oder* es ergiebt sich von selbst: daſs, wie es leider! fast immer der Fall ist, der Zweck keiner einzigen dieser *combinirten* Anstalten erfüllt, und keine einzige zu einem gewissen Grade von Vollkommenheit gebracht werden kann.

Im *ersten* Fall, der gewiſs nur höchst selten statt hat, wenn ich auch überhaupt die Ausführbarkeit als an sich möglich voraussetzen wollte, ist zu einer solchen Verbindung gar kein Grund vorhanden, und im *zweiten* Fall wird sie wohl niemand zweckmäſsig nennen wollen.

Auſserdem ist in der Regel ganz andern *Oberbehörden* des Staats die Verwaltung der Gefangenanstalten, und wieder ganz andern die Verwaltung der Hospitäler, der Irrenhäuser, der Armenanstalten und Waisenhäuser anvertraut. Selbst im ersten eben gedachten Fall, wenn derselbe auch je statt hätte, würde es also immer an der nothwendig erforderlichen *Einheit* bei Verwaltung dieser verschiedenen Institute fehlen. Das Departement, dem die Verwaltung der milden Stiftungen obliegt, und dem nur in einzelnen Fällen, wegen der Verbindung der Gefangenanstalten mit selbigen, auch die Verwaltung der letztern überlassen werden muſs, verwaltet solche nach seinen, von den Grundsätzen des Departements, dem die Verwaltung der übrigen *nicht* in solcher Verbindung stehenden Gefangenanstalten anvertraut ist, oft sehr verschiedenen Grundsätzen, und so auch umgekehrt. Ein jedes Departement geht seinen eigenen Weg, und verliert gemeinhin am Ende, je nachdem ihm die Verwaltung der milden Stiftungen, oder aber die Verwaltung der Gefangenanstalten mehr oder weniger am Herzen liegt, den Zweck der ersteren oder der letzteren aus den Augen. — Die Zwecke der einen werden gemeinhin der Verbesserung der andern ganz oder zum Theil aufgeopfert. —

Ich gehe daher, *auch in dieser Rücksicht*, von dem unten vollständig zu erweisenden *Hauptgrundsatz* aus:

> daſs zweckmäſsige Einrichtung und Verwaltung der Gefangenanstalten nur dann möglich und zu erwarten ist, wenn *Einer* Behörde die Oberaufsicht, Einrichtung, Regie und Verwaltung aller Gefangenanstalten und ihrer Fonds anvertraut ist.

Dieser Grundsatz kann aber, bei einer Verbindung so verschiedener Institute, nie zur Ausführung gebracht werden, und ihre Trennung ist also um so nothwendiger, als sich sonst eine zweckmäſsige und dauerhafte Einrichtung der Gefangenanstalten schlechterdings nicht denken läſst.

Aber auch noch in vielen andern Rücksichten ist diese Verbindung höchst nachtheilig. Der Eindruck, welcher mit der Vorstellung von Strafanstalten verbunden sein muſs, wenn das Androhen der Strafen von Kraft und Wirkung sein soll, wird dadurch geschwächt und ganz unglaublich vermindert.

Welche zweckwidrige Begriffe von Bestrafung der Verbrecher muſs sich nicht die *ungebildete* Volksclasse machen, wenn sie gewahr wird: daſs *Verbrecher*, welche *Strafe*, oft harte Strafe verdienen, und *Mitleiden* verdienende *Hülfsbedürftige* in Einem Hause unterhalten, und — was doch am Ende auch bei der sorgfältigsten Oberaufsicht nicht ganz fehlen kann — auf ganz ähnliche Art behandelt werden? Was für Gefühle müssen sich nicht selbst bei dem gebildeten Theil der Nation regen, wenn man sieht, daſs unschuldige Kinder mit verstockten Verbrechern in Einem Hause erzogen werden, wo doch immer eine gänzliche Absonderung nicht möglich ist? — Die Sache redet von selbst, und ich bin überzeugt, daſs die Richtigkeit des von mir aufgestellten ersten Grundsatzes so wenig bezweifelt und bestritten werden kann, daſs es selbst der vorstehenden zum Beweise desselben aufgestellten Bemerkungen kaum bedurft hätte.

II.

Die verschiedenen einzelnen Classen der Gefangenanstalten müssen nicht combinirt sein, sondern vielmehr Aufbewahrungsgefängnisse, Strafgefängnisse und

Besserungsanstalten gänzlich von einander abgesondert werden.

Zum Theil liegt der Beweis dieses Satzes schon in der vorigen Ausführung. *Einheit* bei der Einrichtung und Verwaltung, und möglichste Vereinfachung derselben, das ist das Hauptgrundgesetz, welches man bei allen öffentlichen Anstalten, wenn sie zweckmäfsig sein und bleiben sollen, nie genug vor Augen haben kann. Die drei verschiedenen Classen der Gefangenanstalten sind aber, wie ich schon im ersten Abschnitt erwiesen habe, ihrer Natur und ihren Zwecken nach so verschieden, dafs sie schlechterdings, ohne den gröfsten Nachtheil für die *Einheit* der Verwaltung, und eben dadurch für die Erreichung ihrer speciellen Zwecke, nicht verbunden werden können.

Ich halte es wenigstens für ganz unmöglich, dafs eine so verschiedene Behandlungsart, als die verschiedenen Classen der Gefangenanstalten erfordern, in Einem Hause, durch ein und eben dieselben Officianten, und mittelst einer und eben derselben Administration erreicht werden könnte.

Aufbewahrungsgefängnisse haben, wie schon oben bemerkt ist, keinen andern Zweck, als sichre Aufbewahrung der Person des Verhafteten und Beförderung einer zweckmäfsigen, schnellen und leichten Einleitung und Führung der Untersuchung. Mehr als dieser Zweck erfordert, darf also in denselben die Freiheit der Gefangenen nicht eingeschränkt werden.

In den Strafgefängnissen soll hingegen der

Verbrecher empfindliche sinnliche Übel erdulden. Um diesen Zweck zu erreichen, kann und muſs also der Staat den Verbrecher so strenge behandeln, und seine Freiheit und den Genuſs aller Freuden des Lebens so sehr einschränken, als es Menschlichkeit, und die, auch in der Person eines Züchtlings nie zu verletzende Achtung für die Menschheit nur immer erlauben.

In Besserungsanstalten kann und darf endlich von keiner weiter fortgesetzten Strafe die Rede seyn. Sicherstellung des Staats, und Gewöhnen des Verhafteten zur Arbeit und Ordnung ist der einzige Zweck derselben, und die Einschränkung der Freiheit nur insoweit nöthig und zulässig, als ohne dieselbe jener Zweck, der Natur der Sache nach, nicht erreicht werden kann.

Wie verschieden müssen also nicht die Gefangenen in einer jeden Classe der Gefangenanstalten behandelt werden? —

Zweckmäſsig abgefaſste *Hauptreglements* für eine jede Classe derselben, welche die Details der Verschiedenheit einer jeden Classe vollständiger bestimmen müssen, werden dies näher nachweisen. Schwerlich werde ich indessen auch ohnedem bei irgend jemand Widerspruch finden, der sie auch nur *im Ganzen* übersieht, und die Schwierigkeiten kennt, welche die menschliche Unvollkommenheit, selbst der zweckmäſsigsten Verwaltung der einfachsten öffentlichen Institute, in den Weg legt.

Auf den widrigen Eindruck und auf die Verwirrung der Begriffe, welche besonders bei der ungebildeten Volksklasse entstehet, wenn sie sieht: dafs Verbrecher, die gestraft werden sollen; Verbrecher, die gestraft sind, und nun nur noch unschädlich gemacht und gebessert werden sollen; und dafs endlich Menschen, die nur erst angeschuldigt sind und ganz unschuldig sein können, in eine und eben dieselbe Anstalt gebracht, und dort wirklich, oder doch nach der Meinung des Volks, *gleich* behandelt werden, brauche ich daher nicht weiter aufmerkszm zu machen.

Dagegen mufs ich einer mir zulässig scheinenden Ausnahme von der Regel erwähnen, und diese bestehet darinn: dafs ich die Verbindung der Aufbewahrungsgefängnisse mit den bürgerlichen Strafgefängnissen für *nicht ganz* verwerflich halte.

Die Bestrafung in bürgerlichen Strafgefängnissen setzt immer nur geringe Vergehen zum voraus. Hier kömmt es also eben nicht auf *empfindliche* sinnliche Übel an, und es läfst sich vielmehr als Regel annehmen: dafs der Verlust der Freiheit allein, verbunden mit dem Schimpf, den jede Gefängnifsstrafe in der Volksmeinung nach sich zieht, hinlängliche empfindliche Übel sind, um zur Verhütung derjenigen Verbrechen hinzuwirken, welche mit bürgerlicher Gefängnifsstrafe verpönt sind. Dies läfst sich auch in Aufbewahrungsgefängnissen erreichen, und es ist nur die einzige Vorsicht nöthig, dafs die Strafgefangenen, von den der Untersuchung halber Aufbewahrten, gehörig getrennt werden, damit aus dieser Verbindung für die Zwecke der Aufbewahrungsgefängnisse keine nachtheiligen Folgen entspringen.

III.

Gefangenanstalten müssen nicht zu klein angelegt, und dadurch der Zahl nach zu sehr vervielfältigt, sondern vielmehr, so viel es nur irgends möglich ist, in gröfsere Anstalten zusammen gezogen werden.

Der Nachtheil vieler und kleiner Gefangenanstalten fällt von selbst in die Augen. Die Ökonomie, und überhaupt die ganze Regie, ist weit wohlfeiler, wenn dergleichen Anstalten ins Grofse gehen. Die Unterhaltung eines grofsen Hauses in baulichen Würden kostet weniger, als die Unterhaltung von mehreren kleinen Gebäuden, die eine gleich grofse Anzahl von Menschen fassen. Beköstigung, Bekleidung, Hausrath, Holz und beinahe alle erforderliche Bedürfnisse können im Ganzen mit ansehnlichen Ersparnissen angeschafft und verwandt werden.. —

Es werden in gröfsern Anstalten bei weitem nicht so viele Officianten erfordert, als in mehreren kleinen Anstalten zusammen genommen ganz unentbehrlich sind. Man kann sie daher auch besser und zureichender salariren, hat dann die Wahl unter mehreren dadurch angelockten Candidaten, und kann mehr von ihnen, nicht blofs fordern, sondern besonders auch in der Rücksicht erwarten, dafs man hoffen kann, unter den *mehreren* Officianten eines grofsen Hauses, doch wenigstens einige vorzüglich brauchbare Subjecte zu finden, welches für ein solches Institut von der äufsersten Wichtigkeit ist, da es sicher in beinahe keinem andern Institut so sehr auf tüchtige und brauchbare Officianten ankömmt, als in den Gefangenanstalten, und sicher ein vorzüglich brauchbarer Officiant nirgends so viel Gutes, durch Beispiel und Eifer, wirken kann, als gerade in den Gefangenanstalten.

Einheit und Gleichheit bei der Behandlung der Gefangenen ist überdies nur durch gröfsere Gefangenanstalten zu erhalten. Ihre Einführung ist wenigstens, wenn die Gefangenanstalten in so viele kleine Institute zertheilt und zerstückelt sind, wo nicht unmöglich, doch mit unendlichen Schwierigkeiten verbunden.

In grofsen Gefangenanstalten kann man weit eher nach allgemeinen Grundsätzen verfahren. — Hier ist eine zur Vermeidung gegenseitiger Verführungen so wesentlich nothwendige Classification und Absonderung der Gefangenen weit leichter, und kann, ohne unnütze Vergröfserung der Inspectionskosten, zur Ausführung gebracht werden, und hier nur ist überhaupt eine immer zunehmende Vervollkommnung der Gefangenanstalten mit Zuversicht zu erwarten.

Die dazu nothwendig erforderliche genaue und sorgfältige Oberaufsicht des Staats auf die Gefangenanstalt wird durch die Zusammenziehung derselben in gröfsere Anstalten erleichtert, ich möchte sagen, sie wird dadurch allein möglich gemacht; es ist leichter, in selbigen mehrere Erfahrungen zu sammlen, sie zur Kenntnifs und Übersicht der höhern Staatsbehörden zu bringen, und so zweckmäſsige Einrichtungen aller Art zu befördern und auszuführen. —

Von Straf- und Besserungsanstalten gilt der behauptete Grundsatz ganz im allgemeinen, und auch von Aufbewahrungsgefängnissen, insofern von groſsen Städten und Jurisdictionsbezirken und von Inquisitoriaten für ganze Provinzen und Creise, deren weitere Einführung nicht genug gewünscht werden kann, die Rede ist.

Nur bei den bürgerlichen Strafgefängnissen, insofern sie entweder jetzt schon von den Aufbewahrungsgefängnissen getrennt sind, oder bei der Einführung allgemeiner Inquisitoriate davon getrennt werden müſsten, würde eine Ausnahme von der Regel zu machen seyn.

Es ist gut und zweckmäſsig, wenn diese an mehreren Orten vertheilt sind, damit diejenigen, welche eines leichteren Vergehens wegen diese leichtere Art von Strafe zu erdulden haben, nicht zu weit von dem Ort ihres Aufenthalts und von den Ihrigen entfernt, und aus den Verbindungen gerissen werden, die ihnen vorher ihren Unterhalt sicherten, und auch nach ausgestandener Strafe von neuem sichern müssen.

Bei bürgerlichen Strafgefängnissen ist es aber auch unschädlich, wenn sie noch so klein sind. Es bedarf in denselben weder einer vorzüglich strengen Aufsicht, da es in dem Wesen derselben liegt, daſs sie hauptsächlich nur durch das einzige Übel: *Beraubung der Freiheit*, wirken sollen, auch die sonstigen Kosten durch die Vervielfältigung derselben nicht sonderlich vermehrt werden, und solche dem Staat nur höchst selten zur Last fallen..

IV.

Die Gefangenanstalten aller Art müssen den ihnen sämmtlich gemeinschaftlichen Zweck der sichern Aufbewahrung erfüllen, ohne dafs man in der Regel nöthig hat, zu Ketten, Banden oder anderen Behelfen seine Zuflucht zu nehmen; so wie denn auch bei der Ablieferung der Gefangenen in die Gefangenanstalten nach zweckmäfsigen Vorschriften verfahren, und dem Entweichen derselben während des Transports vorgebeugt werden mufs.

Durch zweckmäfsige äufsere und innere Festigkeit der zu den Gefangenanstalten gewidmeten Gebäude, durch tüchtige und brauchbare, in hinlänglicher Zahl angestellte Wächter, und durch eine genaue Aufsicht auf die letztern, verbunden mit der strengsten Ahndung und Bestrafung einer jeden von ihnen begangenen Pflichtwidrigkeit und Nachlässigkeit, mufs *in der Regel* der Zweck: der Person des Verhafteten versichert zu bleiben, erreicht werden. In einzelnen Fällen, und bei einzelnen boshaften Subjecten wird man es freilich nicht vermeiden können, auch zu Ketten und Banden seine Zuflucht zu nehmen; müssen indessen dies doch immer Ausnahmen von der Regel sein und bleiben. Der Staat mufs nie harte und quälende Maafsregeln ergreifen, wo er mit gelindern auslangen und seine Zwecke erreichen kann. Dies Gesetz der Menschlichkeit wird niemand bezweifeln, und eben so wenig auch die Möglichkeit, daſs man durch Festigkeit der Gebäude, Pflichtmäſsigkeit der Wächter und Aufseher, und durch sonstige zweckdienliche Einrichtungen, der Gefangenen eben so gut und noch besser versichert bleiben kann, als es durch Fesseln, Ketten und Banden nicht einmal möglich ist.

Am wenigsten muſs man sich dadurch zu helfen suchen, daſs man das Entweichen der Gefangenen zu einem Verbrechen stempelt, und demselben durch Androhung harter Strafen vorzubeugen sucht. Ich habe schon im ersten Theil dieser Schrift Seite 74 erwiesen, daſs diese Maaſsregel mit Recht und Billigkeit nicht bestehen kann, und dabei zweckwidrig ist; daher ich denn hier nichts weiter darüber zu sagen habe, und es auch ganz mit Stillschweigen übergangen haben würde: daſs bei der Ablieferung der Gefangenen in die Gefangenanstalten nach zweckmäſsigen Vorschriften verfahren, und dem Entweichen derselben während des Transports vorgebeugt werden müsse, wenn nicht die tägliche Erfahrung lehrte, mit welcher Nachlässigkeit bei dem Transport und bei der Ablieferung der Gefangenen aus einer Gefangenanstalt in die andere verfahren wird.

V.

Die Gefangenanstalten müssen mit den erforderlichen Aufsehern, Wächtern und sonstigen Officianten zureichend versehen, und diese hinlänglich besoldet sein, auch muſs bei deren Auswahl mit besonderer Vorsicht und Behutsamkeit verfahren werden. Nachlässige und pflichtvergessene Officianten sind schlechterdings nicht zu dulden, und für das anderweitige Unterbringen der invalide gewordenen Officianten muſs der Staat sorgen.

Bei keinem andern öffentlichen Institut ist es wohl von so dringender Nothwendigkeit, daſs solches mit einer zureichenden Anzahl von untadelhaften, brauchbaren und vollkommen qualificirten Officianten versehen werde, als bei den Gefangenanstalten.

Die Zwecke derselben sind sonst ganz unausführbar, und lassen sich schlechterdings nicht erreichen. —

In der Regel hat man es in den Gefangenanstalten mit bösen und verdorbenen Menschen zu thun, welche darinn wider Willen und Neigung aufbewahrt, zur Arbeit, Ordnung und Mäſsigkeit angehalten und gewöhnt werden sollen. Ohne eine strenge, ununterbrochene Aufsicht auf dieselben ist dies nicht möglich, und nur durch eine vollkommen zureichende Anzahl von Officianten kann diese unentbehrliche Aufsicht möglich gemacht, und dem für den Staat so höchst gefährlichen häufigen Entweichen der Gefangenen vorgebeugt werden.

Auſserdem ist die Verwaltung der Gefangenanstalten mit beinahe unzählig vielen Details verbunden. Das Rechnungswesen derselben bleibt immer, wenn es auch noch so sehr simplificirt wird, verwickelt und weitläuftig. Es muſs, wenn Ordnung dabei herrschen soll, nicht nur über die Verwaltung einer jeden Anstalt überhaupt, sondern auch über den Arbeitsverdienst eines jeden einzelnen Gefangenen genaue Rechnung geführt werden, und es muſs also auch hierzu an den nöthigen Officianten nicht fehlen.

Genaue, in das Datail eingehende Regeln, nach welchen die Zahl der erforderlichen Officianten aller Art im allgemeinen zu bestimmen wäre, lassen sich nicht angeben. Die Specialreglements einer jeden Gefangenanstalt müssen die Zahl derselben, nach der Gröſse der Anstalt, nach der Localität und nach anderen obwaltenden Umständen festsetzen, und ist hierbei nur darauf Rücksicht zu nehmen, daſs in den Besserungsanstalten die Gefangenen auch zu Arbeiten auſserhalb der Anstalt gebraucht werden sollen.

Aber auch selbst das Anstellen vollkommen zureichender Officianten in Rücksicht der Zahl ist an und für sich nicht genug, sondern man muſs auch bei der Auswahl derselben mit besonderer Vorsicht und Behutsamkeit zu Werke gehen.

Ich kenne, ausser den Erziehungsanstalten, kein Institut, bei welchem es so sehr auf moralisch gute und brauchbare Officianten ankömmt, als bei den Gefangenanstalten. Nirgends wird durch dergleichen Officianten mehr Gutes, im entgegengesetzten Fall aber auch nirgends mehr Böses gestiftet, als gerade in den Gefangenanstalten.

Der Staat ist daher in allen Rücksichten ganz vorzüglich verpflichtet, für moralisch gute und brauchbare Officianten zu sorgen. Er kann sonst, wie schon gesagt ist, seine Zwecke überhaupt nicht erreichen, und am wenigsten kann er die ihm obliegende Pflicht erfüllen: dahin zu sehen, daſs die Gefangenen in den Gefangenanstalten keine Veranlassung erhalten, moralisch schlechter zu werden.

Die Gefangenen sind während ihrer Aufbewahrung in seinen Händen. Sie können und sollen während der Dauer derselben keine Verhältnisse mit andern Menschen haben, als in welche sie der Staat selbst setzt. Unter diesen ist das Verhältniſs mit den Officianten der Gefangenanstalten bei weitem das wichtigste, und sind also diese nicht moralisch gute, sondern unmoralische Menschen, so erhalten die Gefangenen durch sie, und durch den beständigen Umgang mit denselben, ganz offenbar Veranlassung, moralisch schlechter zu werden.

Moralisch gute, untadelhafte, brauchbare und vollkommen qualificirte Officianten sind also eins der ersten Bedürfnisse zweckmäſsig eingerichteter Gefangenanstalten. Der Staat muſs, um solche zu erhalten, weder Geld noch Mühe sparen, und sich angelegen sein lassen, dies wichtige und unentbehrliche Bedürfniſs zweckmäſsig eingerichteter Gefangenanstalten, zu jedem Preise, zu befriedigen.

Die Officianten müssen daher mit vollkommen zureichender Besoldung, von welcher sie leben können, versehen sein. Sie müssen sich in der Regel den Gefangenanstalten, bei welchen sie angestellt sind, *ganz* widmen. Man muſs sie unter eine beständige, genaue Aufsicht setzen, und sie aufs sorgfältigste controlliren.

Dies muſs eins der Hauptgeschäfte der einer jeden gröſsern Gefangenanstalt vorzusetzenden Verwaltungscommission sein, von welcher ich sogleich mehr sagen werde, und die dazu am allergeschicktesten ist, weil ich voraussetze: dafs sie aus Mitgliedern bestehen soll, welche sich in der Nähe der Anstalt aufhalten, keine specielle Branche der Administration selbst führen, mithin von allem persönlichen Interesse frei sind, und unverrückt ihr Augenmerk darauf richten, dafs der Zweck der Anstalt erfüllt, und jeder Nachlässigkeit oder Pflichtwidrigkeit der Officianten *mit Strenge* vorgebeugt werde.

Ich sage *mit Strenge* vorgebeugt werde; denn Nachsicht wird hier Schwachheit, Mitleiden gegen nachlässige oder pflichtvergessene Officianten wird Grausamkeit gegen die Gefangenen. —

Ein nachlässiger oder pflichtvergessener Officiant mufs in den Gefangenanstalten schlechterdings nicht geduldet, sondern ohne Nachsicht fortgeschafft werden. —

Aber auch für eine gute anderweitige Versorgung der in den Gefangenanstalten invalide gewordenen Officianten mufs der Staat bei Zeiten sorgen, wenn Ordnung erhalten, und der Zweck der Gefangenanstalten nicht gestört werden soll. Er ist dies den Gefangenanstalten schuldig, die nur durch thätige, noch mit voller Kraft ausgerüstete Officianten zweckmäfsig in Ordnung erhalten werden können, und er ist es auch zugleich den Officianten selbst schuldig, deren Pflichten, wenn sie gewissenhaft erfüllt werden, so beschwerlich sind, dafs sie gewifs die Belohnung mit einem ruhigeren Alter, in welchem die Erfüllung so beschwerlicher Pflichten unmöglich wird, vorzüglich verdienen.

VI.

Einer jeden gröfsern Gefangenanstalt mufs eine besondere Verwaltungscommission vorgesetzt sein, deren Mitglieder mit dem Detail der Administration unmittelbar nichts zu thun haben, sondern nur dahin sehen müssen, dafs ein jeder Officiant seine Pflichten erfülle, und dafs der Zweck einer jeden Gefangenanstalt erreicht werde.

Eine ununterbrochene, von Glied zu Glied sich fortpflanzende Aufsicht und Controlle von oben herab, von den höchsten Staatsbehörden an bis zu dem geringsten einzelnen Officianten, ist überhaupt die ausschliefsliche Bedingung, unter welcher allein Ordnung und ausdauernde Thätigkeit in jeder Branche der Staatsverwaltung erhalten werden kann. Ganz vorzüglich aber bedürfen derselben die Gefangenanstalten aller Art, da es durchaus keine andern Anstalten des Staats giebt, in welchen die Mittel zur Erreichung der beabsichtigten Zwecke so zusammengesetzt sind, und einer so sehr verschiedenen, oft ganz individuelle Rücksichten erfordernden Behandlungart bedürften, als die Gefangenanstalten.

Man erwäge nur blofs die Behandlung der Gefangenen in Bezug auf ihr Anhalten zur Arbeitsamkeit, zur Ordnung und zur Ehrbarkeit, und in Rücksicht auf die Pflicht des Staats, für ihre moralische Besserung *negative* zu sorgen, und man versuche dann einmal, hierüber bestimmte, die Willkühr der Officianten ausschliefsende Vorschriften zu ertheilen. Man wird sich gewifs sehr bald von der Unmöglichkeit überzeugen, den beabsichtigten

Zweck, durch noch so detaillirte Vorschriften, vollständig zu erreichen, und will man also nicht, wie bisher geschehen ist, alles der Willkühr der Officianten überlassen, so müssen den Officianten auf eine andere Art Schranken gesetzt werden.

Die sorgfältigste Aufsicht einer höheren Behörde kann dies allein bewirken. — Es bedarf indessen keiner Ausführung, dafs weder die höchsten Staatsbehörden, noch die Landescollegia der Provinzen, diese *unmittelbare* Aufsicht zweckmäfsig führen können. Oft und gewöhnlich kömmt es dabei auf einen augenblicklichen Entschlufs, und noch dazu über Dinge an, welche einzeln ganz unbedeutend zu sein scheinen, im Ganzen aber höchst wichtig sind, und von den gröfsten und nachtheiligsten Folgen sein können.

Auch die gewissenhafteste Behörde, wenn sie nicht an Ort und Stelle gegenwärtig, und nicht von allen Schwerfälligkeiten des gewöhnlichen Geschäftsgangs entbunden ist, kann hier nicht zweckmäfsig helfen; mithin ist es durchaus nöthig: dafs eine Zwischenbehörde angeordnet werde, welche an Ort und Stelle gegenwärtig, und zwar den höheren Staatsbehörden für ihr Benehmen verantwortlich, übrigens aber mit voller Macht versehen sein mufs, alle die Gefangenanstalten betreffenden gesetzlichen Anordnungen, welche immer nur *im allgemeinen* gegeben werden können, auf *die einzelnen Fälle* zweckmäfsig anzupassen, und insonderheit darüber zu wachen, dafs die eigentlichen Officianten der

Anstalt pflichtmäfsig und ohne alle eigenmächtige Willkühr handeln.

Dies würde die Pflicht der anzuordnenden Verwaltungcommissionen sein, und eben um deshalb müssen auch die Mitglieder dieser Behörden nicht selbst zu den Officianten der Anstalt gehören. Sie müssen weder mit der Beköstigung und Bekleidung der Gefangenen, noch mit der Aufsicht auf ihren Fleifs und auf ihr übriges Benehmen *unmittelbar* zu thun haben. Dazu müssen eigene Officianten angestellt sein und bleiben, und diese nur der Aufsicht und Controlle der Verwaltungscommission unterworfen sein.

Meiner Einsicht nach kann man nur auf diesem Wege den beiden fast gleich gefährlichen Klippen entgegen, *entweder* alles der Willkühr der Officianten zu überlassen, *oder* durch zu detaillirte, und doch immer unzureichende gesetzliche Vorschriften, den Eifer und die Thätigkeit rechtschaffener und einsichtsvoller Officianten zu hemmen. —

Der Staat mufs übrigens mit der gröfsten Behutsamkeit dafür sorgen, dafs die Verwaltungscommission aus vernünftigen und rechtschaffenen Männern bestehe. Hat er aber diese Pflicht erfüllt, dann setze er volles Vertrauen auf diese Männer, und lasse ihrer Thätigkeit einen angemessenen Spielraum in allen den Dingen, welche ihrer Natur nach durch kein Gesetz vollständig bestimmt werden können. Dies kann nie schädlich werden, sobald der Staat nur dann auch noch weiter diese Verwaltungscommissionen selbst seiner näheren Aufsicht würdigt, öftere Localrecherchen veranlaſst, und sie eben dadurch überzeugt, daſs er ihre Bemühungen nicht unbeobachtet läſst, sondern gehörig schätzt und erkennt.

VII.

Es muſs nach festen, gleichförmigen und allgemein zu beobachtenden Grundsätzen bestimmt 'sein, in welcher einzelnen Classe von Gefangenanstalten ein jeder Gefangener aufzubewahren sei.

Wenn Aufbewahrungs-, Straf- und Besserungsanstalten nicht gehörig von einander abgesondert, und für sich bestehende Anstalten sind, und wenn ferner in den Gesetzen nicht bestimmt ist, welche Verbrecher mit bürgerlicher Gefängniſs-, mit Festungs- oder Zuchthausstrafe belegt, und in den Besserungsanstalten aufbewahrt werden sollen, sondern jene Vermischung Statt hat, oder dies der Willkühr des Richters ganz überlassen ist: so kann einestheils nie Gleichheit bei Bestimmung der Strafen beobachtet werden, und anderntheils ist es dann auch nicht möglich, dem so nachtheiligen *Übersetzen* der einen oder der andern Classe der Gefangenanstalten vorzubeugen. Man hat überdies bei dieser Vermischung und Willkühr der Richter schlechterdings keinen Maaſsstab, nach welchem man die Zahl und Gröſse der Gefangenanstalten einer jeden Classe, auch nur mit irgend einiger Wahrscheinlichkeit, bestimmen kann, und es ist also auch in dieser Rücksicht dringend nothwendig, daſs jene, an und für sich zweckwidrige Vermischung vermieden werde, und in den Gesetzen bestimmt sei, in welche Classe von Gefangenanstalten ein jeder Verbrecher zu bringen, wo er zu bestrafen und aufzubewahren sei.

VIII.

Es mufs hauptsächlich Einer Behörde die Vertheilung der Gefangenen in die einzelnen Gefangenanstalten einer jeden Classe der Straf- und Besserungsanstalten überlassen sein, und den Vorstehern schlechterdings nicht gestattet werden, bei der Annahme der Gefangenen willkührlich und nach selbst gewählten Grundsätzen zu verfahren.

Es fällt von selbst in die Augen, dafs die im vorstehenden Satz erforderte Bestimmung, in welcher einzelnen Classe von Gefangenanstalten ein jeder Gefangener aufzubewahren sei, offenbar unzureichend ist, das *Übersetzen* einzelner Gefangenanstalten zu verhüten, wenn den Vorstehern derselben überlassen ist, die Gefangenen auf Befehl oder Requisition *mehrerer* Behörden anzunehmen, welche die Localität und innere Einrichtung einer jeden Gefangenanstalt nicht kennen und das Ganze nicht übersehen, oder wenn Verbrecher einer Provinz oder eines Creises schlechterdings in die, für diese Provinzen und Creise *in der Regel* bestimmten Gefangenanstalten gebracht werden müssen. Es mufs also Eine Behörde sein, welche das Ganze übersieht, welche von der Localität und innern Einrichtung einer jeden Gefangenanstalt unterrichtet ist, und weifs, wie viel Gefangene darinn sind, mit welchen Arten von Arbeiten sie beschäftigt werden können, und wie viel sie aufnehmen kann. Diese mufs hiernach, ohne sonstige Rücksichten, *in der Regel* bestimmen, in welche Gefangenanstalt der Verbrecher aufgenommen werden soll; denn wird dies nicht beobachtet, so ist es unvermeidlich, dafs einzelne Gefangenanstalten mit Verbrechern überhäuft, andere aber leer stehen bleiben.

Dafs der Staat dadurch seine Strafzwecke verfehlt, und überdies auf die Unterhaltung ungebrauchter Gebäude und Officianten ganz unnütze Kosten verwendet, bedarf keines Beweises.

Nur in Ansehung der Aufbewahrungsgefängnisse findet auch hier eine Ausnahme statt, weil *in der Regel* die Angeschuldigten an dem Ort ihres Gerichtsstandes aufbewahrt werden müssen.

Diesem allen tritt endlich noch bei: dafs es in vielen Rücksichten inconsequent, bedenklich und gefährlich ist, wenn man den Vorstehern der Gefangenanstalten überläfst, bei der Annahme der Gefangenen nicht nach gleichen, sondern nach willkührlichen und selbst gewählten Grundsätzen zu verfahren; wenn einige blofs auf allerhöchst unmittelbaren Befehl, andere blofs auf Befehl der höheren Behörden, andere auch auf Verfügungen der Landescollegien, und andere sogar auf Requisition einzelner Untergerichte und Unterbehörden, Gefangene in die Strafanstalten aufnehmen.

Eine zweckmäfsige Controlle der höheren Staatsbehörden läfst sich bei dieser verschiedenen Verfahrungsart nicht denken.

Der Fall ist möglich, dafs unter diesen Umständen ein einzelner Mensch, der entweder gar nicht, oder doch nur auf kurze Zeit hätte aufgenommen werden sollen, eine Reihe von Jahren im Gefängnifs hat schmachten müssen. —

Wenn aber dieser Fall auch nur möglich geblieben, und nie wirklich geworden ist — als welches ich auf sich beruhen lassen will —, so hat doch an diesem glücklichen Zufall die Verfassung der Strafanstalten keinen Theil, sobald einzelne Unterbehörden, es mögen Justiz- oder Policeibehörden sein, die Annahme der Gefangenen nach Gefallen und Gutfinden erhalten können, und die Vorsteher der Strafanstalten deshalb nicht mit gemessenen und gleichförmigen Vorschriften versehen sind. Die Gefahr eines Mifsbrauchs ist wenigstens immer vorhanden, und einer solchen Gefahr darf sich der Staat in einer so wichtigen Angelegenheit nicht aussetzen.

IX.

In den einzelnen Gefangenanstalten müssen nicht mehr Gefangene untergebracht werden, als darinn zureichenden Platz haben, zweckmäfsig von einander abgesondert, und im Winter und Sommer zweckmäfsig zur Arbeit angehalten werden können.

Dies Erfordernifs zweckmäfsig eingerichteter Gefangenanstalten ist eben so wichtig, als es bisher fast überall vernachlässigt wird. Die meisten Gefangenanstalten sind mit Gefangenen übersetzt. Es fehlt an dem nöthigen Platz, sie gehörig unterzubringen, sie gehörig von einander abzusondern, und sie im Winter und Sommer mit Arbeiten zu beschäftigen.

Dafs bei einem Übersetzen der Gefangenanstalten die Zwecke derselben nicht erreicht werden können, fällt von selbst in die Augen. Denn sind die Gefangenen in einen zu engen Raum eingeschränkt, so leidet darunter ganz natürlich ihre Gesundheit, und an Reinlichkeit, auf welche es in den Gefangenanstalten so wesentlich ankömmt, ist gar nicht weiter zu denken. Den Verführungen der Gefangenen unter sich kann schlechterdings nicht vorgebeugt werden, weil solches nur durch zweckmäfsige Absonderungen derselben möglich zu machen ist, und zur Arbeit können die Gefangenen eben so wenig angehalten und gewöhnt werden, wenn es an dem nöthigen Platz gebricht, um sie im Winter und Sommer, unter gehöriger Aufsicht, mit Arbeiten zu beschäftigen.

Der Staat erspart im Grunde nichts bei diesem zweckwidrigen *Zusammenpressen* der Gefangenen. Sie können in einer solchen Lage unmöglich soviel verdienen, als zu ihrem Unterhalt erfordert wird. Der Staat mufs sie also ernähren, und hierzu oft weit mehr an Kotsen verwenden, als das Anschaffen und Einrichten zweckmäfsiger Gebäude gekostet haben würde.

Es ist daher ganz vorzüglich dahin zu sehen, dafs in eine jede Gefangenanstalt nicht mehr Gefangene gebracht und aufgenommen werden, als darinn zureichend Platz haben. Geschieht das Gegentheil, oder wird eine Gefangenanstalt auch nur mit einer oder der andern Unterabtheilung von Gefangenen übersetzt, so sind die Strafzwecke des Staats unausführbar, und eben so wenig kann er auch seine auf das Nichtstören der höheren Zwecke des Menschen gerichteten Pflichten erfüllen.

Die Specialreglements einer jeden Gefangenanstalt müssen übrigens, nach genauer Untersuchung des Locals, die Zahl der Gefangenen festsetzen, welche in einer jeden Gefangenanstalt aufbewahrt werden können, und diese mufs demnächst *unter keinerlei Vorwand* überschritten werden.

X.

Gefangenanstalten müssen eine gesunde Lage, und überhaupt eine solche Einrichtung haben, dafs die Aufbewahrung in denselben an und für sich der Gesundheit der Gefangenen nicht nachtheilig sei.

Dieser Satz gehört zu denjenigen, welche gar keines Beweises und gar keiner weitern Ausführung bedürfen. Er folgt von selbst aus dem allgemeinen Grundsatz: dafs der Staat, indem er seine speciellen Zwecke verfolgt, keine höhere Ordnung der Dinge, in welcher und für welche der Mensch lebt, stören darf. Der Gefangene, dessen Aufbewahrung in Gefängnissen nöthig geworden ist, bleibt Mensch, und behält als solcher Ansprüche auf alle Rechte, die er nicht selbst, durch seine unrechtlichen Handlungen, verscherzt hat.

XI.

Für die Pflege der Kranken, deren Genesung bald zu erwarten ist, muſs in den Gefangenanstalten hinlänglich gesorgt sein; Kranke und Gebrechliche aber, deren Genesung weit aussehend oder gar nicht zu erwarten ist, müssen darinn weder aufgenommen noch geduldet werden.

Wem es nur einigermaſsen bekannt ist, wie man mit den Kranken in den meisten Gefangenanstalten umgeht, wie wenig man sich um sie bekümmert, und wie erbarmungswürdig sie in der Regel behandelt werden, dem kann es nicht befremdend und auffallend sein, daſs ich eine sich so sehr von selbst verstehende Sache, als die zweckmäſsige Verpflegung der Kranken in den Gefangenanstalten ist, unter den Haupterfordernissen zweckmäſsig eingerichteter Gefangenanstalten mitaufstelle.

Es kann in dergleichen Anstalten, besonders in den gröſseren, nicht fehlen, daſs nicht einige der Gefangenen erkranken sollten. Oft können dergleichen Kranke, ohne daſs man ihr Leben augenscheinlich in Gefahr setzt, nicht an einen andern Ort transportirt werden, und oft würden dadurch auch, wenn ihre baldige Genesung, bei einer gehörigen Wartung und Pflege, vorauszusehen ist, ganz unnütze Kosten verursacht werden. Es muſs also für dergleichen Kranke in den Gefangenanstalten zweckmäſsig gesorgt sein. Es muſs darinn an den nöthigen, zweckmäſsig eingerichteten Krankenzimmern, an dem Besuch eines erfahrenen Arztes, und an den erforderlichen Krankenwärtern nicht fehlen, und es mufs auch dafür gesorgt sein, dafs die Kranken mit solchem Getränke und Speisen, die ihrem Zustande angemessen sind, versehen werden. Mit einem Wort, es ist Pflicht des Staats und der Menschheit, für die baldige Genesung dieser Unglücklichen alle nur mögliche Sorgfalt anzuwenden.

Dagegen mufs man die Gefangenanstalten nicht etwa in Hospitäler umschaffen wollen. Kranke und Gebrechliche, deren Genesung entweder weit aussehend oder gar nicht zu erwarten ist, müssen darinn weder aufgenommen noch geduldet werden. Der Zweck der Straf- und Besserungsanstalten kann an ihnen nicht erfüllt werden. Man kann sie weder durch Zufügung sinnlicher Übel strafen, noch durch Gewöhnen zur Arbeit und Ordnung bessern. Sie gehören also nicht in Straf- und Besserungsanstalten, sondern sie stören vielmehr, weil sie nicht zur Arbeit gebraucht und beschäftigt werden können, die allgemeine gleichförmige Ordnung, welche darinn herrschen mufs, und überdies kann doch immer nicht so für sie gesorgt werden, als es in Hospitälern möglich ist.

Der Staat mufs also für ihr anderweitiges sichres Unterkommen sorgen, und jede Gefangenanstalt mufs angewiesen sein, wohin sie dergleichen Gefangene abzuliefern befugt und verbunden ist.

Die hierbei überhaupt, besonders aber von Seiten der Aufbewahrungsanstalten, zu beobachtenden näheren Vorschriften und Modalitäten müssen den Haupt- und Specialreglements zur näheren Bestimmung vorbehalten bleiben.

XII.

In allen Gefangenanstalten mufs mit der gröfsten Sorgfalt und äufsersten Strenge auf möglichste und durchgängige Reinlichkeit gehalten werden, und müssen dieselben mit den dazu nöthigen Utensilien versehen sein.

Ohne Reinlichkeit ist es nicht möglich, vollkommene Gesundheit unter den Gefangenen zu erhalten. Durch eine unreine verpestete Luft, durch Ungeziefer und Schmutz, leidet der Körper augenscheinlich. Es entstehen blofs dadurch, wie die tägliche Erfahrung lehrt, eine Menge von Krankheiten, welche jetzt in den meisten Gefangenanstalten sehr gewöhnlich, grade aber in denselben am allergefährlichsten sind, weil es so schwer und fast unmöglich ist, Ansteckungen zu verhüten, und doch immer, auch bei der besten Einrichtung, für dergleichen Kranke nicht so gesorgt werden kann, als Hospitäler und ähnliche Institute es zu thun im Stande sind.

Aber auch noch in andrer Rücksicht mufs Reinlichkeit eins der ersten Gesetze in den Gefangenanstalten sein. Die Reinlichkeit des physischen Menschen ist von dem gröfsten Einflufs auf die Moralität desselben. Sie gewöhnt unvermerkt und allmählig daran, eine gewisse Achtung und Schaam vor sich selbst zu empfinden, und das ist der erste und wichtigste Schritt zur Ausbildung des moralischen Gefühls. Die Natur selbst geht diesen Weg; die Achtung für den Körper ist der Übergang, durch welchen sie uns zur Achtung unseres besseren Selbst leitet. —

Will also der Staat seine Pflicht erfüllen: die höhern Zwecke des Menschen, bei der Ausübung seines Strafrechts, nicht zu stören, und den Gefangenen so viel möglich Veranlassung zu geben, moralisch besser zu werden, so muſs er für ausgezeichnete Reinlichkeit in den Gefangenanstalten sorgen, darauf ganz vorzüglich sein Augenmerk richten, und es weder an den nöthigen Utensilien, noch an sonst etwas fehlen lassen, was zur Beförderung der Reinlichkeit beitragen kann.

XIII.

Alle vom Staat zu verpflegende, zu Strafarbeiten oder zur Aufbewahrung in den Besserungsanstalten qualificirte Gefangene müssen während ihres Aufenthalts in den Gefangenanstalten, der Regel nach, vom Staat selbst beköstigt und bekleidet, und ihnen ihre eigene Beköstigung und Bekleidung, für eine dazu ausgesetzte Geldsumme, nicht überlassen werden.

Wenn dem Staat, wie ich es voraussetze, der ganze Arbeitsverdienst der Gefangenen zufällt, so versteht es sich auch von selbst, daſs er sie während ihrer Gefangenschaft anständig und zweckmäſsig unterhalten, bekleiden und beköstigen muſs. Es fragt sich nur: ob dies durch Anweisung des ganzen oder eines Theils des Arbeitsverdienstes, oder durch Auszahlung eines gewissen festgesetzten Geldquantums an die Gefangenen selbst, zweckmäſsig geschehen könne, oder ob es nöthig sei, daſs der Staat selbst für die Beköstigung und Bekleidung der Gefangenen sorge? Ich behaupte das letztere, und glaube, dafs, ohne Beobachtung dieser Maafsregel, weder die Strafzwecke des Staats erreicht, noch auch ein unnöthiger und überflüssiger Kostenaufwand vermieden werden kann.

Wenn die Gefangenen sich selbst beköstigen und bekleiden, so sind Unordnungen aller Art unvermeidlich. Sie wählen dann selbst ihre Speisen. Der eine wählt dies, der andere das, und gemeinhin ohne Rücksicht, ob die gewählten Speisen gesund oder ungesund sind. Der Einkauf derselben ist fast immer mit grofser Unordnung verbunden, und bei dem Zubereiten und Kochen derselben, welches man doch auch in diesem Fall den einzelnen Gefangenen überlassen mufs, sind die Unordnungen noch gröfser.

Durch den Genufs ungesunder Speisen entstehen Krankheiten, beim Einkauf werden die Gefangenen oft hintergangen, und die Zeit, welche sie zu ihren Arbeiten verwenden sollten, vergeht mit dem Zubereiten und Kochen der Speisen. Unregelmäfsigkeit im Essen und Trinken ist schlechterdings nicht zu verhüten, und an Reinlichkeit in den Gefangenanstalten ist gar nicht weiter zu denken, vieler andern Inconvenienzen zu geschweigen.

In Ansehung der Bekleidung ist es, nach meinen Grundsätzen, vollends unmöglich, dafs man solche den Gefangenen überlassen kann. Ich verlange nach dem, was ich unten bei dem 29sten Satz weiter ausführen werde: dafs die Gefangenen gehörig bekleidet in die Straf- und Besserungsanstalten abgeliefert, ihre mitgebrachte Kleidung gehörig aufbewahrt, und sie demnächst in eben derselben wieder entlassen werden sollen, und halte dies für das einzige zweckmäſsige Mittel, um den jetzt herrschenden verderblichen Miſsbrauch abzustellen, daſs man die Gefangenen nackend und bloſs entläſst. Müssen die Gefangenen nun selbst für ihre Bekleidung sorgen, so kann jene Vorschrift nicht beobachtet werden, weil sie sich doch nicht gleich bei ihrem Eintritt in die Straf- und Besserungsanstalten anderweitig bekleiden können. Überhaupt aber sorgen auch die meisten Gefangenen lieber für Essen und Trinken, als für eine gesunde und reinliche Kleidung, und Reinlichkeit ist also in den Gefangenanstalten schlechterdings nicht zu erwarten, wenn man den Gefangenen ihre Bekleidung überläſst.

Der Staat selbst muſs, wenn er seine Straf- und Besserungszwecke nicht verfehlen, und seine Pflichten erfüllen will, für die Beköstigung und Bekleidung der Gefangenen sorgen, und kann solches um so eher thun, da alle dazu erforderliche Bedürfnisse *im Ganzen* viel wohlfeiler angeschafft werden können, als sie, beim Einkauf durch die Gefangenen, *en detail* zu haben sind, mithin bei einem anderweitigen Verfahren, zu allen vorgedachten zweckwidrigen Inconvenienzen, auch noch die hinzukömmt, daſs entweder den Gefangenen zu ihrer eigenen Beköstigung und Bekleidung mehr Geld zugetheit werden muſs, als die Anstalt *im*

Ganzen auszugeben nöthig hat, oder dafs die Gefangenen sich weit kümmerlicher behelfen müssen.

XIV.

Beköstigung und Bekleidung der Gefangenen müssen in der Regel nicht verpachtet oder in Entreprise gegeben werden.

Die Bekleidung der Gefangenen pflegt selten und nur da verpachtet oder in Entreprise gegeben zu werden, wo die Erhaltung der ganzen Anstalt einem Entrepreneur überlassen wird. In der Regel drängt sich sonst niemand dazu, und zwar aus dem Grunde, der überhaupt alle Pacht- und Entreprisecontracte aus den Gefangenanstalten verbannen sollte, weil nemlich nicht viel dabei zu verdienen ist, und der Entrepreneur einer ziemlich genauen Controlle unterworfen werden kann.

Bei einer Verpachtung der Beköstigung der Gefangenen ist aber letzteres fast gar nicht, oder doch sehr schwer möglich, und eben um deshalb fehlt es auch selten an Pächtern und Entrepreneurs, welche die Beköstigung der Gefangenen zu leisten bereit sind.

Gemeinhin führen dergleichen Verpachtungen zu den härtesten Bedrückungen der Gefangenen. — Der Entrepreneur oder der Pächter sucht ganz natürlich aus seiner Gewinns halber gemachten Entreprise, allen nur möglichen Vortheil zu ziehen, und das geschieht immer auf Kosten der Gefangenen. — Sie werden in der Regel aufs elendeste beköstigt, und alle Sorgfalt, welche man anwenden kann, um dies zu verhüten, ist unzureichend, dem Übel abzuhelfen, weil einestheils die Entrepreneurs fast immer dafür zu sorgen wissen, dafs sie es mit den zur unmittelbaren Aufsicht über die Gefangenen bestellten Officianten nicht verderben, und weil ihnen anderntheils ein zu weites Feld von Entschuldigungen, Einwendungen und Ausflüchten offen stehet, als dafs man ihnen gehörige Gränzen zu setzen im Stande sein sollte.

Selbst dann, wann schon Verwaltungscommissionen überall eingeführt wären, und die Mitglieder derselben sich angelegen sein liefsen, während der Speisung oft unerwartet zu erscheinen, und die Speisen zu prüfen, würde es doch nicht möglich sein, allen Unordnungen und Bedrückungen der Gefangenen vorzubeugen. Man würde hier und da einen oder den andern, der es zu arg machte, entfernen, und einen andern an seine Stelle setzen, sicher aber nicht viel weiter kommen; denn der Zweck *aller* solcher Pächter und Entrepreneurs ist zu *gewinnen.* —

Der Nachtheil, welcher hierdurch entstehet, ist einleuchtend. — Die schlechte Kost schwächt die zur Arbeit nöthigen Kräfte der Gefangenen, und führt oft Krankheiten herbei. Gemeinhin leidet die Gefangenanstalt dadurch mehr, als sie durch einen scheinbar billigen Entreprisecontract gewinnt, indem man die Gefangenen unter diesen Umständen nicht gehörig, oft gar nicht, zur Arbeit anhalten kann, und ihres Arbeitsverdienstes entbehren mufs. Die Gefangenen werden überdies, durch eine so schlechte Behandlung, über die sie sich nur selten zu beschweren Muth und Gelegenheit haben, besonders wenn die Entrepreneurs die Officianten der Anstalt zu gewinnen gewufst haben, trotzig und erbittert, und es läfst sich also nicht denken, dafs unter diesen Umständen die Straf- und Besserungszwecke des Staats in den Straf- und Besserungsanstalten erreicht werden könnten.

Wenn ich daher gleich nur gesagt habe: dafs die Verpachtung der Beköstigung *in der Regel* nicht statt haben müsse; so bin ich doch sehr geneigt, gar keine Ausnahme von der Regel zu gestatten, und würde dieserhalb vollends kein Bedenken haben, wenn ich überzeugt wäre, dafs alle Gefangenanstalten, nach dem, was ich schon beim 3ten Satz ausgeführt habe, *sogleich im Grofsen* angelegt werden könnten.

Wie doppelt nachtheilig es endlich ist, wenn sogar die Officianten der Anstalt selbst zu dergleichen Entreprisen zugelassen werden, das bedarf keiner weiteren Ausführung. Die Gefangenen werden dadurch noch mehr, als es ohnedem schon der Fall ist, der Gewalt und Willkühr der Officianten überliefert, und ihnen ist dabei der Weg fast gänzlich abgeschnitten, ihre Klagen und Beschwerden zur näheren Kenntnifs der höheren Behörden gelangen zu lassen.

XV.

Die Gefangenen müssen nicht nur in den Straf- und Besserungsanstalten, sondern auch in den Aufbe-

wahrungsgefängnissen, insofern in den letzteren ihre Unterhaltung dem Staat zur Last fällt, mit Ordnung zur Arbeit angehalten werden.

Wenn bisher in einzelnen Gefangenanstalten über Mangel an Fonds zur Erhaltung der Anstalt geklagt wird, so rührt dies hauptsächlich mit daher, weil man die Gefangenen nicht mit Ordnung zur Arbeit anhält, und diese reichhaltige Quelle für die Unterhaltungskosten auf eine fast unglaubliche Art vernachlässigt.

Ich habe es sonst schon bemerkt, und kann es nicht oft genug wiederholen: dafs es fast ins Lächerliche fällt, wenn die Gefangenen, welche meistentheils junge und rüstige Leute sind, und dabei immer nur einen sparsamen und kärglichen Unterhalt erhalten und bedürfen, nicht so viel durch ihrer Hände Arbeit sollten verdienen können, als die Kosten ihrer Unterhaltung erfordern.

Die Erfahrung bestätigt dies. Im Zuchthause zu Magdeburg, welches beinahe gar keinen Fond hat, und in welchem die Gefangenen gewifs nicht unmenschlich gehalten werden, hat man unter andern von dem Arbeitsverdienst der Gefangenen, nach Abzug der Unterhaltungskosten, ein Capital von 1600 Thaler Gold und 1100 Thaler Courant erspart, — und auch das Zuchthaus zu Halle erhält sich beinahe ganz ohne Fond vom Arbeitsverdienst der Gefangenen. — Es sind dies bis jetzt freilich nur Ausnahmen von der Regel, wodurch sich die Strafanstalten im Herzogthum Magdeburg, so wie überhaupt, also auch in diesem Stück, vor allen übrigen Strafanstalten sehr vortheilhaft auszeichnen; indessen beweisen diese Ausnahmen doch die Richtigkeit meines Grundsatzes.

So viele Rücksicht aber auch das Anhalten der Gefangenen zur Arbeit in Bezug auf die Unterhaltungskosten verdient, so ist doch dabei die Rücksicht auf den *Zweck* der Gefangenanstalten noch weit wichtiger.

In den Besserungsanstalten sollen die Gefangenen recht eigentlich zur Arbeit gewöhnt, und dadurch wo möglich zu einem bessern Leben zurückgebracht werden. Hier ist also das sorgfältige Anhalten zur Arbeit der unmittelbare Zweck dieser Anstalten.

In den Strafanstalten soll der Gefangene möglichst empfindliche sinnliche Übel erdulden. Was für sinnliche Übel kann man nun aber wohl den ungebildeten Menschen in den Strafanstalten empfinden lassen, wenn er freie Macht hat, nach Gefallen und Gutfinden zu faulenzen; wenn man, — wie es wirklich in mehreren Strafanstalten der Fall ist, — bloſs den Hunger seinen Zuchtmeister sein läſst, so daſs er nur so viel zu arbeiten braucht, als er zu verzehren Lust hat?

Man muſs den ungebildeten Menschen in der That sehr wenig kennen, um nicht zu wissen: daſs Müssiggang seine angenehmste Empfindung ist. Gestattet man ihm also diesen, und darf er demselben nachhängen, sobald nur sein Hunger gestillt ist, so bleibt für ihn in den Strafanstalten kein sinnliches Uebel übrig, als nur der Verlust der persönlichen Freiheit; und dies Uebel ist für den ungebildeten Menschen gemeinhin ein ganz unbedeutendes Uebel, wie ich schon im vorstehenden Abschnitt bemerkt habe.

In den Aufbewahrungsgefängnissen kann endlich zwar nach dem Grundsatz: daſs hier die persönliche Freiheit nicht mehr eingeschränkt werden darf, als es der Zweck dieser Anstalten unumgänglich erfordert, das Anhalten zur Arbeit nicht allgemein zum Gesetz gemacht werden, sobald der Gefangene sich selbst zu ernähren im Stande ist. Kann er aber dies nicht, dann muſs er eben so gut zur Arbeit angehalten werden, als es auch billig in dem Fall geschehen muſs, wenn der Gefangene ein ganz gemeiner, ungebildeter, zu Handarbeiten gewöhnter Mensch ist, und die Untersuchung sich in die Länge zieht. Denn wenn sich gleich ein solcher Gefangener anderweitig selbst ernähren kann; so ist es doch mit einleuchtenden Bedenklichkeiten verbunden, wenn man ihn während seines längeren Aufenthalts im Gefängnisse ganz unbeschäftigt lassen wollte. Er gewöhnt sich dadurch zum Müssiggang, der bei dem ungebildeten Menschen gleich nachtheilig ist, er mag hernach unschuldig befunden und freigelassen, oder in eine Strafanstalt gebracht werden.

Daſs übrigens das Anhalten zur Arbeit *mit Ordnung* erfolgen müsse, versteht sich von selbst. Alles was der Staat vornimmt und leitet, muſs nach Grundsätzen und also mit Ordnung geschehen. Bei dem Anhalten der Gefangenen zur Arbeit ist dies um so nöthiger, als es ein äusserst zusammengesetztes und in die kleinsten Details gehendes Geschäft ist. Hält man hier nicht auf die strengste Ordnung, so wird wenigstens nur selten der Zweck erreicht werden, die zur Unterhaltung der Gefangenen erforderlichen Kosten durch den Arbeitsverdienst herbeizuschaffen. Die Einnahmen aus dem Arbeitsverdienst der Gefangenen werden vielmehr, wie bisher, unverhältnifsmäfsig geringe und unbedeutend sein, die Gefangenen werden nach wie vor müssig gehen, und sich dabei nach ihrer Art wohl befinden, statt dafs sie in den Strafanstalten empfindliche sinnliche Uebel erdulden sollten.

An ein physisches Bessern durch ein recht mechanisches Gewöhnen zur Ordnung und Arbeitsamkeit ist ohne strenge Ordnung vollends nicht zu denken, und endlich sind Mifsbräuche und Plackereien der Officianten nirgends mehr zu besorgen, als gerade bei dem nicht gehörig controllirten und nicht nach Grundsätzen bestimmten Arbeitsfleifs der Gefangenen.

XVI.

Bei der Wahl der Arbeiten der Gefangenen mufs nicht sowohl auf den höchst möglichen Verdienst, als darauf gesehen werden, dafs man sie mit solchen Arbeiten beschäftige, welche sie von Jugend auf getrieben haben, und nach ihrer Entlassung aus den Gefängnissen ohne Schwierigkeit fortsetzen können; daher es denn auch in den Gefangenanstalten an dem zur zweckmä-

ſsigen Beschäftigung der Gefangenen erforderlichen Handwerkszeuge nicht fehlen muſs.

Bei dem *Arbeiten* der Gefangenen ist der Zweck des Staats nicht, die Staatseinkünfte zu vermehren, oder die Last der Unterhaltung der Gefangenen *ganz* von sich abzuwälzen. Sein Hauptzweck dabei besteht darinn: die Gefangenen durch Gewöhnen zur Arbeit, Ordnung und Mäſsigkeit zu bessern. Diesen muſs er also auch unverrückt vor Augen haben, und kann, demselben gemäſs, bei der Wahl der Arbeiten der Gefangenen nicht auf den höchst möglichen Verdienst derselben Rücksicht nehmen, sondern muſs vielmehr solche Arbeiten wählen, und sie mit solchen Arbeiten beschäftigen, bei welchen ein wirkliches *Gewöhnen zur Arbeit* statt haben kann. Dies *Gewöhnen zur Arbeit* aber läſst sich nur bei solchen Arbeiten denken, welche die Gefangenen nach ihrer Entlassung aus den Gefängnissen ohne Schwierigkeiten treiben und fortsetzen können, und das sind gemeinhin bloſs diejenigen, welche sie von Jugend auf getrieben haben.

Alles *Gewöhnen* zu Arbeiten, welche sie nach ihrer Entlassung entweder gar nicht, oder doch nicht ohne Schwierigkeiten fortsetzen können, ist kein *Gewöhnen* zur Arbeit; es ist vielmehr ein *Entwöhnen* von der Arbeit, indem die Gefangenen eben dadurch, daſs man sie zu Arbeiten gewöhnt, welche sie nach ihrer Entlassung *nicht* fortsetzen können, noch mehr von den Arbeiten *entwöhnt* werden, die ihnen nach ihrer Entlassung ihren Unterhalt und ihr ehrliches Fortkommen sichern sollen.

Der Staat also, welcher bei der Wahl der Arbeiten der Gefangenen nur auf den höchst möglichen Gewinn und Verdienst der Gefangenen Rücksicht nimmt, nicht jenen Grundsatz unverrückt vor Augen hat, und mithin die Gefangenen nicht *wirklich*, sondern bloſs *dem Namen nach* zur Arbeit gewöhnt, handelt offenbar zweckwidrig, und kann nichts anders als das gänzliche Verfehlen seiner Straf- und Besserungszwecke erwarten.

Leider! ist es bei der jetzigen Einrichtung der Gefangenanstalten nur gar zu oft und fast immer der Fall, daſs sie verfehlt werden, und der Grund davon liegt *hauptsächlich* mit in der Vernachlässigung jenes Grundsatzes.

Bei Dieben und Betrügern ist dies, wie ich es schon im vorstehenden Abschnitt bemerkt habe, ganz vorzüglich der Fall, und es ist und bleibt also eins der ersten Haupterfordernisse zweckmäſsig eingerichteter Gefangenanstalten: daſs man die Gefangenen zu solchen Arbeiten gewöhnen muſs, welche sie von Jugend auf getrieben haben, und nach ihrer Entlassung ohne Schwierigkeiten fortsetzen können.

In den Besserungsanstalten, deren Wesen es ausmacht, und deren ganz eigentlicher Zweck und Bestimmung in dem Gewöhnen zur Arbeit, Ordnung und Mäſsigkeit besteht, ist dies der erste und wesentlichste Grundsatz. Alle ihre Zwecke sind *gänzlich* verfehlt, wenn demselben nicht genügt wird. —

An der Möglichkeit der Ausführung des aufgestellten Grundsatzes ist aber, *besonders in Besserungsanstalten*, gar nicht zu zweifeln.

Hauptsächlich hat man es darinn nur mit zwei Classen von Menschen zu thun, *entweder* mit eigentlichen Handwerkern, *oder* mit solchen Leuten, welche kein besonderes Handwerk erlernt haben, und sich vom Feld- und Ackerbau, und von andern Hand- und Tagelöhnerarbeiten ernähren.

Was die ersten betrifft, so wird es keinen so grofsen Schwierigkeiten unterworfen sein, in den Besserungsanstalten solche Einrichtungen zu treffen, dafs die meisten Handwerker darinn mit ihren erlernten Handwerken beschäftigt werden können. Die schon oben bei dem 8ten Satz vorgeschlagene Maafsregel: dafs die einzelnen Verbrecher nicht gerade in der Besserungsanstalt ihrer Provinz aufzubewahren, sondern deren zweckmäfsige Vertheilung *Einer* die gesammten Gefangenanstalten dirigirenden Behörde zu überlassen sei, wird die Ausführung dieser Maafsregel gar sehr erleichtern. Es braucht nach derselben nicht in einer jeden Besserungsanstalt für *alle* Handwerker gesorgt zu sein. Wenn in der einen zu diesem, in der andern zu jenem Handwerk, Geräthschaften vorhanden, und die nöthigen Vorkehrungen getroffen sind, so ist solches schon genug. —

Freilich wird es bei dem allen nicht möglich sein, *alle* und *jede* Handwerker in den Besserungsanstalten mit ihrem erlernten Handwerk zu beschäftigen. Manche Handwerke sind von der Art, dafs sie wegen Feuersgefahr, Kostbarkeit der Geräthschaften, und aus mancherlei andern Ursachen, in dergleichen Anstalten gar nicht betrieben werden können. Hier mufs man sich also unvermeidliche Ausnahmen von der Regel gefallen lassen, und Handwerker dieser Art mit andern Arbeiten, so zweckmäfsig als möglich, zu beschäftigen suchen. Dergleichen Ausnahmen werden indessen auch so häufig nicht vorkommen. Zum Betrieb der meisten und gemeinsten Handwerke wird man, wo nicht in allen, doch in dem einen oder andern Institut Anstalten treffen können. Localverhältnisse werden dabei mit zu statten kommen, und eine weise Administration wird noch manches im Einzelnen zu benutzen und auszuführen im Stande sein, worüber sich im Allgemeinen keine Regeln vorschreiben lassen.

Was hingegen die zweite Classe von Menschen betrifft, mit welchen man es in den Besserungsanstalten hauptsächlich zu thun hat, so sind dies, wie schon gesagt, solche, welche kein eigentliches Handwerk erlernt haben, sondern sich vom Land- und Ackerbau und andern Hand- und Tagelöhnerarbeiten ernähren, und diese machen unstreitig die ungleich gröfsere Zahl der Aufzubewahrenden aus. Die Besserungsanstalten müssen daher mit vorzüglicher Rücksicht hierauf angelegt werden. Man mufs sie an solchen Orten etabliren, wo man Gelegenheit hat, diese Leute aufserhalb der Anstalt mit dergleichen Arbeiten zu beschäftigen, wo man sie zum Feld- und Ackerbau, zu Chausseearbeiten, zu öffentlichen und Privatbauten, und allen dergleichen

chen Arbeiten mit den wenigsten Schwierigkeiten gebrauchen und anstellen kann.

Die Kosten der Aufsicht werden dadurch zwar vermehrt werden, das läfst sich nicht bestreiten; indessen kann man hierauf nicht Rücksicht nehmen, weil es bei der Sache eines Theils auf die Erreichung eines nützlichen Zwecks des Staats, und auf die Erfüllung einer dem Staat obliegenden Pflicht ankömmt, und anderntheils wird auch der Ertrag des Arbeitsverdienstes den Ertrag des Verdienstes von dem zeither am meisten betriebenen Wollespinnen und Wollekratzen sehr weit übersteigen. — Die Kosten der genaueren Aufsicht werden durch den dadurch entstehenden Überschufs zureichend bestritten werden können. —

Ueberhaupt werden diese Kosten am Ende so aufserordentlich grofs nicht sein, wenn nur überall, nach Maafsgabe der Localverhältnisse einer jeden Anstalt, für zweckmäfsige *allgemeine* Einrichtungen gesorgt wird. Denn für einen jeden einzelnen in den Besserungsanstalten Aufbewahrten, der aufser der Anstalt arbeiten soll, kann man freilich nicht einen besondern Aufseher halten. Das ist aber auch nicht nöthig. In den meisten Gegenden der zureichend cultivirten älteren Preufsischen Provinzen sind Handarbeiter ein solches Bedürfnifs, und werden so sehr gesucht, dafs man schwerlich in Verlegenheit kommen wird, wenn man mehrere derselben zusammen, unter der Aufsicht eines oder einiger gemeinschaftlicher Aufseher, aufser der Anstalt arbeiten lassen will. Der Landmann wird sich ihrer in der Art sehr oft mit Dank und Vergnügen bedienen; bei den Chausseearbeiten, bei öffentlichen und Privatbauten wird man sie in eben der Art als Tagelöhner leicht unterbringen können; und vielleicht wird es mit der Zeit auch möglich sein, daſs man sie in einigen Besserungsanstalten, vermöge des Locals, zu solchen Feldarbeiten, welche ein besonders groſses *Main d'oeuvre* erfordern, wie zum Beispiel zum Crap- und Tabaksbau, für eigene Rechnung der Anstalt nützlich beschäftigen kann.

Im Allgemeinen kann man über alle Gegenstände dieser Art nichts bestimmtes vorschreiben. Localverhältnisse haben zu vielen Einfluſs auf die Sache; indessen bin ich davon sehr lebhaft überzeugt, daſs die Ausführung derselben, bei einigem Eifer und guten Willen, weit weniger Schwierigkeiten haben wird, als sie beim ersten Anblick zu haben scheint. So viel bleibt wenigstens gewiſs, daſs nur bei der Ausführung dieses Plans die Straf- und Besserungszwecke des Staats vollständig erreicht werden können, und dies allein ist zureichend, um alles aufzubieten, ihn zur Wirklichkeit zu bringen, wenn nicht — wie ich es sicher zu fürchten nicht Ursache habe — aufs deutlichste nachgewiesen wird, daſs er schlechthin unausführbar ist.

Man organisire nur erst dergleichen zweckmäſsig eingerichtete Besserungsanstalten, man stelle bei denselben Officianten an, denen die Ausführung der Sache am Herzen liegt, und die dabei mit Eifer, Treue und Menschenliebe zu Werke gehn.

Der Vortheil und Nutzen dieser Anstalten wird sich bald zeigen, wenn man sie gleich nicht mit einemmal auf den höchsten Gipfel der Vollkommenheit bringen kann. Denn dafs ein solches nach bisher noch nie versuchten Grundsätzen neu eingerichtetes Institut, gleich bei seinem Entstehen, von allen Unvollkommenheiten befreit sein sollte, das wird wohl niemand verlangen. Aber diese Unvollkommenheiten werden sich, bei einer sorgfältigen, weisen und zweckmäfsigen Administration, von Jahr zu Jahr vermindern, und selbst bei dem ersten Entstehen werden *im Ganzen* Vortheile erreicht werden, welche von] der zeitherigen gewöhnlichen Einrichtung und Verfassung der Gefangenanstalten schlechterdings nicht zu erwarten sind.

In den Strafanstalten wird die Befolgung des aufgestellteu Grundsatzes allerdings mehrere und sehr grofse Schwierigkeiten haben. Besonders wird es nicht wohl möglich sein, die dazu qualificirten Verbrecher mit Arbeiten aufserhalb dieser Anstalten zu beschäftigen; dessen ungeachtet aber wird doch immer weit mehr geschehen können, als bisher geschehen ist, um auch die Verbrecher in den Strafanstalten vorzüglich mit solchen Arbeiten zu beschäftigen, welche sie von Jugend auf getrieben haben, und nach ihrer Entlassung ohne Schwierigkeiten fortsetzen können. Besonders werden in Ansehung der Professionisten, unter Beobachtung des 8ten Grundsatzes, manche sehr zweckdienliche Einrichtungen getroffen werden können, und ich mufs übrigens auch hier wiederholen: dafs Localverhältnisse gewifs viele anscheinende Schwierigkeiten heben, und eine weise Administration, wenn sie die Localverhältnisse gehörig benutzt, manches zur Ausführung bringen wird, was für jetzt noch mit erheblichen Schwierigkeiten verbunden zu sein scheint.

Dagegen dürfte die Ausführung jenes Grundsatzes in den Aufbewahrungsgefängnissen, vermöge ihres speciellen Zwecks und ihrer Bestimmung, allerdings mit unübersteiglichen Schwierigkeiten verbunden sein. Nur in Ansehung einiger sehr weniger Handwerker wäre es vielleicht möglich, ihn zur Ausführung zu bringen; indessen ist auch der hieraus zu besorgende Nachtheil so grofs nicht, weil es in den Aufbewahrungsanstalten auf ein Gewöhnen zur Arbeit *eigentlich* nicht ankömmt, und überdies der Aufenthalt in selbigen, in der Regel, nicht von langer Dauer ist, noch sein darf.

Mit eben so wenigem Nachtheil ist es auch verbunden, dafs man die Gefangenen im Winter überhaupt zu dergleichen Arbeiten aufser der Anstalt wenig wird anhalten können, sondern genöthigt sein wird, sie im Winter mit den in der Anstalt sonst gewöhnlichen Arbeiten zu beschäftigen und dazu zu gewöhnen.

Auch im Zustande der persönlichen Freiheit beschäftigen sie sich während des Winters mit dergleichen Arbeiten sehr wenig. In der Mark und in andern Provinzen wird der Winter fast ganz mit Müssiggang verbracht; denn in den langen Winterabenden beschäftigt sich der Landmann fast gar nicht, sondern er verbringt sie mit Faulenzen. — Es wird also immer von grofsem Nutzen und von dem zweckmäfsigsten Einflufs auf das Gewöhnen der Gefangenen zur Arbeit sein, wenn man sie im Winter auch nur mit Spinnen, Weben und dergleichen Arbeiten beschäftigt. Haben sie nur in den Jahrszeiten, in welchen es ländliche Arbeiten für sie gab, solche eben so betrieben, als sie es vor ihrer Verhaftung zu thun gewohnt waren, so werden sie dadurch der Arbeit nicht entwöhnt werden. Sie werden sich vielmehr auch zu nützlichen Winterarbeiten gewöhnen, und den in der Mark und in vielen andern Provinzen herrschenden verderblichen Gebrauch ablegen, beinahe den ganzen Winter, und besonders die langen Winterabende, mit Faulenzen zu verbringen.

In Schlesien ist ohnehin der Landmann schon daran gewöhnt, sich im Winter mit Weben, Spinnen und dergleichen Arbeiten zu beschäftigen. In dieser Provinz kann man ihn also auch im Winter ganz nach seiner sonst gewohnten Art beschäftigen, und in andern Provinzen wird es immer, wie gesagt, nicht schaden, wenn man die Gefangenen im Winter gleichfalls zu solchen Arbeiten anhält und gewöhnt, als der thätigere Schlesier auch im Zustande der persönlichen Freiheit zu treiben pflegt.

Dafs übrigens die Gefangenanstalten mit dem zur zweckmäfsigen Beschäftigung der Gefangenen erforderlichen Handwerkszeuge versehen sein, und es daran nicht fehlen müsse, verstehet sich von selbst. Ich brauche also hierüber nichts weiter zu sagen.

Endlich wird es nach dem, was ich bisher ausgeführt habe, kaum noch der Bemerkung bedürfen: daſs den Gefangenen in den Gefangenanstalten keine *eigene* Wahl der Arbeit gestattet, sondern sie nach den aufgestellten Grundsätzen zu derjenigen Arbeit angehalten werden müssen, von der sie sich nach ihrer Entlassung am besten und leichtesten ernähren können. Am wenigsten muſs man den scheinbar moralisch besseren Gefangenen diese Wahl als eine *Belohnung* zugestehen. —

Überhaupt miſsfällt mir, wie ich schon öfter bemerkt habe, jeder Vorschlag, welcher dahin abzweckt, den *scheinbar* besseren Gefangenen Vortheile in der Behandlung zu bewilligen, und glaube ich, mich über dieses Miſsfallen schon in den obigen Ausführungen gerechtfertigt zu haben.

XVII.

Auch der Arbeitsverdienst der Gefangenen darf in der Regel weder verpachtet noch in Entreprise gegeben werden, und nie müssen die Officianten der Anstalt irgend einen Theil an dem Verdienst der arbeitenden Gefangenen haben.

Was ich schon bei dem 14ten Satz über die Verpachtung der Beköstigung gesagt und ausgeführt habe, das trifft bei Verpachtungen des Arbeitsverdienstes der Gefangenen in einem noch weit höheren Grade ein. Der Entrepreneur *will dabei gewinnen*, und das kann ihm auch niemand verdenken, denn es ist ja der Zweck seines ganzen Unternehmens. Leider aber geschieht solches fast immer hauptsächlich auf Kosten der Gefangenen. Gemeinhin hält man dieselben bei einer solchen Verpachtung mit einer unmenschlichen Härte zur Arbeit an, und findet dabei tausendfache Gelegenheit, der Aufsicht und Wachsamkeit der höhern Behörden auszuweichen, indem der Vorwand, daſs die Gefangenen, um den Straf- und Besserungszweck an ihnen zu erreichen, zum Fleiſs möglichst angehalten werden müssen, selten aber ohne Zwangsmittel und Ernst dazu geneigt sind, so äuſserst scheinbar ist, und ein so weites Feld zu Entschuldigungen darbietet, daſs an Verhütung aller Miſsbräuche gar nicht zu denken ist. Der Damm wenigstens, welchen man gemeinhin den daraus augenscheinlich entstehenden Miſsbräuchen, durch die Aufsicht der Officianten der Anstalt, entgegen zu setzen sucht, ist viel zu schwach, als daſs er den Strom der Unordnungen aufhalten könnte. Er ist nicht stärker und fester, als die Pflichtmäſsigkeit der Officianten selbst, auf welche man zwar, wo man sich nicht anders helfen kann, rechnen, die man aber nie unnöthigen Gefahren und Versuchungen aussetzen muſs. Das geschieht aber in diesem Fall ganz augenscheinlich, weil es bekannt genug ist, daſs dergleichen Entrepreneurs und Pächter selten ein Mittel unversucht lassen, um die Officianten einer solchen Anstalt zu gewinnen, und sie sich auf Kosten der Gefangenen geneigt zu machen.

Haben aber gar dergleichen Verpachtungen an

die Officianten der Anstalt selbst, und an die Aufseher der Gefangenen statt, oder wird diesen auch nur ein Theil des Arbeitsverdienstes der Gefangenen bewilligt, dann sind die Gefangenen vollends verloren. Aus Furcht vor üblen Behandlungen dürfen sie sich über nichts beklagen; sie müssen alles über sich ergehen lassen, und werden gemeinhin aufs gewaltsamste tyrannisirt.

Hieraus entstehen, aufser den eben gerügten Inconvenienzen, alle die nachtheiligen Folgen einer ungleichen und willkührlichen Behandlung der Gefangenen, welcher ich unten beim 25sten Satz ausführlich gedenken werde.

Es ist schlechterdings unmöglich, dafs der Staat, bei einer solchen Einrichtung, seine Straf- und Besserungszwecke erreichen, und seine Pflichten gegen die Gefangenen erfüllen kann, und er mufs also für die Beschäftigung der Gefangenen *unmittelbar* sorgen, sich ihren Arbeitsverdienst gehörig berechnen lassen, und solchen weder verpachten, noch weniger aber den Officianten irgend einen Antheil daran bewilligen.

Was ich jedoch so eben von dem Verpachten des Arbeitsverdienstes der Gefangenen gesagt habe, versteht sich blofs von einer Verpachtung in Pausch und Bogen. Ein Pachtcontract, mittelst dessen einer Gefangenanstalt gewisse bestimmte Arbeiten gesichert, übrigens aber diese Arbeiten einzeln und nach einem festen Satz bezahlt werden, kann zwar hier und da auch zu Inconvenienzen führen; indessen kann auf der andern Seite der Vortheil, dafs die Gefangenanstalt versichert ist, es könne ihr nie an Arbeit fehlen, in einzelnen Anstalten sehr überwiegend werden. Eben um deshalb habe ich mich auch nur dahin ausgedrückt: dafs *in der Regel* keine Verpachtungen und Entreprisen statt finden müssen.

XVIII.

Die Gefangenen müssen nicht blofs zur Arbeit, sondern auch zur Beobachtung einer strengen Ordnung, Mäfsigkeit, äufsern Ehrbarkeit und Anständigkeit, in allen Classen von Gefangenanstalten angehalten werden.

Ordnung, Mäfsigkeit, äufsere Ehrbarkeit und Anständigkeit sind die höhern Tugenden des Menschen als Bürgers, die, wenn sie gleich noch nicht in das Gebiet der Moralität gehören, doch unmittelbar auf der Gränze liegen, welche den Übergang aus dem Gebiet der blofsen *Rechtlichkeit* in das Gebiet der *Moralität* bezeichnet.

Die Verletzung dieser Tugenden ist an und für sich noch kein Verbrechen; aber sie ist der Übergang gerade zu denjenigen Verbrechen, welche am meisten begangen werden, und die Gefangenanstalten so furchtbar bevölkern. —

Räuber, Diebe und Betrüger machen mehr als Dreiviertel aller Gefangenen aus, und fast alle diese Verletzer des Eigenthums werden durch ihre Neigung zum Müssiggang, zum Wohlleben, zur Unordnung und zur Unmäfsigkeit zum Verbrechen verleitet und hingerissen. Die Untersuchungsacten bestätigen es, dafs unter hundert derselben kaum einer ist, welcher aus Noth zu stehlen angefangen hat, oder in der Absicht, um Reichthümer zu erwerben. —

Auf die strengste Beobachtung jener Tugenden des Bürgers, die eben darum, weil sie noch Tugenden des Bürgers, und keine rein moralischen Tugenden sind, durch äufsern Zwang, dessen sich der Staat bedienen kann, befördert und hervorgebracht werden können, mufs also der Staat sein vorzüglichstes Augenmerk richten; Verletzungen derselben müssen *in keiner Gefangenanstalt* gestattet werden. —

Wie wichtig die Beobachtung dieses Grundsatzes in den Besserungsanstalten sei, deren recht eigentlicher Zweck in dem Gewöhnen zur Ordnung, Arbeitsamkeit und Mäfsigkeit besteht, leuchtet von selbst in die Augen. Aber eben so klar ist es auch, dafs solcher in den Strafanstalten nicht aufser Acht gelassen werden darf. Man mufs in denselben die Gefangenen nicht schlimmer werden lassen, um sie demnächst in den Besserungsanstalten zu bessern, sondern man mufs darinn vielmehr den Grund zu ihrer Besserung legen, mithin sie auch schon in den Strafanstalten zu einer strengen Ordnung und Mäfsigkeit gewöhnen.

Alles sei daher in den Gefangenanstalten, vorzüglich aber in den Straf- und Besserungsanstalten, an die pünctlichste Ordnung, und gleichsam an einen gewissen Mechanismus gebunden. Aufstehen und Schlafengehen, Essen und Trinken, Arbeiten und Feiern, Reinigung des Körpers, Gebet und Gottesdienst, mit einem Wort alles ohne Ausnahme, werde dieser mechanischen Ordnung unterworfen. Ein Tag sei wie der andere, eine Woche vergehe wie die andere. —

Die Möglichkeit der Einführung einer so strengen Ordnung, und die Beobachtung des aufgestellten Grundsatzes in den Gefangenanstalten, kann an und für sich nicht bezweifelt werden. Es wird solches selbst ohne grofse Schwierigkeiten geschehen können; wie aber dabei eigentlich zu Werke zu gehen, und was eigentlich für Maafsregeln zu wählen und zu ergreifen sind, um diesen jetzt so allgemein vernachlässigten Grundsatz in einer jeden einzelnen Gefangenanstalt zur Ausführung zu bringen, das gehört für die Specialreglements, und müssen diese darüber das nähere Detail enthalten.

XIX.

Eine jede Gefangenanstalt mufs mit vollständigen und deutlich abgefafsten Policeigesetzen versehen sein, wodurch das ganze Betragen der Gefangenen näher bestimmt wird, und diese Policeigesetze müssen den Gefangenen, sowohl beim Eintritt in die Anstalt bekannt gemacht, als auch demnächst von Zeit zu Zeit wiederholentlich eingeschärft werden.

Wenn die bei dem vorstehenden Satz erforderte Ordnung, Reinlichkeit und äufsere Anständigkeit wirklich beobachtet werden soll, so sind vollständige und deutlich abgefafste Policeigesetze ein wesentliches Bedürfnifs einer jeden Gefangenanstalt.

Die Gefangenen müssen wissen, was sie zu thun und zu lassen haben, und die Officianten müssen mit bestimmten Vorschriften versehen sein, was sie von den Gefangenen zu fordern befugt und verbunden sind. Fehlt es an diesen Vorschriften, so bleibt den Gefangenen immer der Vorwand der Unwissenheit offen, und die Officianten erhalten einen viel zu weiten Spielraum; ihrer Willkühr bleibt Thür und Thor geöffnet.

Wie nachtheilig aber zu grofse Gewalt und Willkühr der Officianten in den Gefangenanstalten sei, das behalte ich mir vor unten weiter auszuführen; hier schränke ich mich nur auf die Bemerkung ein: dafs die Beobachtung des aufgestellten Grundsatzes zur Vermeidung derselben und der daraus entstehenden nachtheiligen Folgen sehr viel beiträgt.

Es ist dies ein Damm mehr, den man der überall schädlichen Willkühr der Officianten entgegen setzt, und zugleich wird dadurch die nachtheilige Vorstellung der Gefangenen, als wenn sie nicht von der Gerechtigkeit der Gesetze, sondern von der Willkühr der Officianten abhängig wären, verdrängt. Sie erfahren auf diese Art zusammenhängend, vollständig und bestimmt, was sie *gesetzlich* zu thun und zu vermeiden haben, und wissen nun, dafs die Officianten, wenn sie hierauf auch mit der gröfsten Strenge halten, nichts weiter thun, als dafs sie ihre Pflicht erfüllen, und dafs sie so verfahren *müssen.* Zugleich aber sind sie auch zu beurtheilen im Stande, wenn wirklich einer oder der andere Officiant mehr von ihnen fordert, als die ihnen bekannt gemachten Gesetze der Anstalt vorschreiben, und wissen, dafs sie dann Hülfe zu verlangen berechtigt sind, die sie durch bescheidene Vorstellungen bei der Verwaltungscommission suchen und finden können.

XX.

Die Ordnungsstrafen in den Gefangenanstalten müssen so viel möglich nach Grundsätzen und so bestimmt werden, dafs einestheils alle Willkühr der Officianten entfernt, und anderntheils dafür gesorgt werde, dafs es den Gefangenen an den nöthigen physischen Kräften zur Arbeit nicht fehle.

So dringend nothwendig eine zweckmäfsige Anordnung von Ordnungsstrafen ist, eben so schwierig ist sie, besonders in den Strafgefängnissen. Der eigentliche Zweck der Strafgefängnisse bestehet darinn: den Verbrecher *möglichst viele und starke* sinnliche Übel erdulden zu lassen. Welche sinnliche Übel bleiben hier also dem Gesetzgeber für die Ordnungsstrafen noch übrig, sobald er, seiner Pflicht gemäfs, in Zufügung derselben, die Gränzen nicht überschreiten will, welche die Menschlichkeit ihm setzt? und welche Abstufungen kann man den wenigen übrig bleibenden Ordnungsstrafen geben, um zwischen Vergehungen aus Trägheit, Nachlässigkeit, Muthwillen und offenbarer Bosheit ein gehöriges Verhältnifs beizubehalten?

Einem jeden, der den Versuch machen will, wird es bei dieser Materie vorzüglich einleuchtend werden, wie schwierig diese Bestimmung, und wie unmöglich es ist, alles, was in Gefangenanstalten beobachtet werden mufs, durch blofse gesetzliche Vorschriften vollständig zu bestimmen; man kann nur die Gränzen bezeichnen, und einige Wegweiser aufstellen. Wer den Weg selbst Schritt für Schritt bezeichnen wollte, der müfste fast für jeden einzelnen Gefangenen besondere Vorschriften ertheilen. Das ist nicht möglich, und eben so wenig kann man auch den eigentlichen Officianten und ihrer Willkühr die Bestimmung und das Maafs der Ordnungsstrafen überlassen. —

Hier äufsert sich wieder der Nutzen der von mir beabsichtigten Verwaltungscommissionen. Ich will zwar den eigentlichen Officianten der Anstalt nicht die Macht benehmen, einige kleinere Ordnungsstrafen selbst, und ohne *vorherige* Anfrage bei der Verwaltungscommission, zu verhängen. Das Ansehen der Officianten, worauf so sehr viel ankömmt, würde dadurch zu sehr geschwächt werden, und überdies giebt es auch Fälle, wo das Vergehen so schnell und augenblicklich bestraft werden mufs, dafs eine vorherige Anfrage, selbst bei der Verwaltungscommission, mit einer zweckwidrigen Weitläuftigkeit verbunden sein würde. Dies kann indessen nur bei kleinen Vergehungen aus Nachlässigkeit oder Muthwillen der Fall sein, wobei es also auch nur auf kleinere Ordnungsstrafen ankömmt. In eben dem Grade aber, in welchem das Vergehen gröfser wird, und also empfindlichere Ordnungsstrafen nöthig macht, nimmt auch die

Nothwendigkeit ab, auf der Stelle zu strafen, und es ist also in Fällen dieser Art nicht blofs ohne Nachtheil möglich, sondern auch nöthig und zweckmäfsig, dafs die Verwaltungscommission über die Art und den Grad der zu verhängenden Ordnungsstrafen vorher entscheide, statt dafs sie von den kleineren, augenblicklich zu vollstreckenden Ordnungsstrafen nur erst nachher Kenntnifs bekommen darf.

Ein weiteres Detail über die Arten und Abstufungen, so wie über die Vollstreckung der Ordnungsstrafen in den verschiedenen Classen von Gefangenanstalten, gehört nicht in die gegenwärtigen allgemeinen Grundsätze, sondern in die General- und Specialreglements, von denen ich an einem andern Ort reden werde. Hier verdient nur noch der schon im ersten Theil dieser Schrift gedachte allgemeine Grundsatz erwähnt zu werden: dafs Ordnungsstrafen, welche entweder die physischen Kräfte zur Arbeit schwächen, oder den Gefangenen sonst bei der Arbeit hinderlich sind, in Straf- und Besserungsanstalten gar nicht geduldet werden müssen, wenn sie auch allenfalls noch in den Aufbewahrungsgefängnissen bei solchen Gefangenen zulässig sein könnten, welche sich selbst unterhalten.

Übrigens versteht es sich von selbst, dafs solche Vergehen der Gefangenen, welche in ein anderweitiges, eigentliches Verbrechen ausarten, nicht mit Ordnungsstrafen belegt, sondern der gewöhnlichen gesetzlichen Strafe unterworfen bleiben müssen.

XXI.

In jeder Classe der Gefangenanstalten müssen gewisse Arbeitspensa festgesetzt, und gewisse Arbeitsclassen angeordnet sein, in welche die Gefangenen nach ihren Fähigkeiten und Kräften wenigstens alle Monate vertheilt werden.

Wenn Ordnung und Gleichheit bei dem *Anhalten zur Arbeit* eingeführt, und auch das Rechnungswesen übersichtlicher gemacht werden soll, so ist vor allen Dingen nöthig, daſs das Maaſs der Arbeit so wenig dem guten Willen der Gefangenen, als der Willkühr der Officianten *ganz* überlassen bleibe. Jene müssen wissen, was sie *wenigstens* zu arbeiten, und diese darüber angewiesen sein, was sie *wenigstens* zu fordern haben. —

Es fällt von selbst in die Augen, daſs es nicht möglich ist, alle Gefangene bei der Arbeit nach Einem Maaſsstab zu behandeln. Das weibliche Geschlecht hat nicht die Kräfte zur Arbeit, welche in der Regel das männliche besitzt, und in einer jeden dieser beiden Classen sind wieder theils junge und rüstige, theils alte und schwächliche Arbeiter. Einige derselben sind mit den Arbeiten, welche getrieben werden, bekannt, andere müssen dazu erst angelernt werden. Das alles macht es unmöglich, daſs man von einem Gefangenen eben so viel Arbeit fordern kann, als von dem andern, und sie müssen demnach in gewisse Arbeitsclassen vertheilt werden.

Wie diese Arbeitsclassen anzuordnen, kann hier nur *im Allgemeinen* bestimmt werden; das *Detail* bei Anordnung derselben, und die Festsetzung der hier und da erforderlichen Unterabtheilungen aber, müssen billig den Specialreglements einer jeden Gefangenanstalt vorbehalten bleiben.

Als allgemeine Grundsätze, welche bei Anordnung der Arbeitsclassen durchgängig zu beobachten sind, würde ich indessen vorschlagen: daſs *erstlich* die Arbeitspensa nicht nach einem Quantum von *Arbeit*, sondern nach einem gewissen täglich, wöchentlich oder monatlich zu verdienenden *Geld*quantum bestimmt würden; daſs ferner *zweitens* die männlichen und die weiblichen Gefangenen in zwei besondere *Hauptarbeitsclassen* zu vertheilen, eine jede dieser beiden Hauptarbeitsclassen aber *drittens* drei Unterabtheilungen, für die starken, für die mittlern und für die schwachen Arbeiter, haben müsse, und daſs endlich *viertens* die Gefangenen alle Monate, je nachdem sie an Geschicklichkeit, Übung und Kräften zugenommen oder abgenommen haben, in diese verschiedenen Arbeitsclassen vertheilt würden.

Die Bestimmung der Arbeitspensa auf ein gewisses *Quantum an Arbeit* ist mit zu vielen Details verbunden, und läſst sich *im Ganzen* gar nicht übersehen, besonders da es nicht möglich ist, in den verschiedenen Classen der Gefangenanstalten ein und eben dieselben Arbeiten zu treiben, und dies nicht einmal in Ansehung einzelner Gefangenanstalten möglich ist, sondern oft in einer Gefangenanstalt ganz verschiedene Arbeiten betrieben werden müssen.

Die Bestimmung des Arbeitspensums auf ein Geldquantum wird freilich auch mancherlei Schwierigkeiten haben; indessen lassen sich solche doch eher, wo nicht ganz, doch grofsentheils, mit Beobachtung des gleich folgenden Grundsatzes heben, und in alle Wege wird dadurch das Rechnungswesen übersichtlicher gemacht. Es entsteht dadurch eine eine Art von *Einnahme-Etat* in Rücksicht des Arbeitsverdienstes der Gefangenen. —

Das Abtheilen der Gefangenen nach den Geschlechtern in zwei Hauptclassen folgt aus der Natur der Sache, und das Unterabtheilen einer jeden dieser beiden Hauptclassnn in *drei* besondere Classen ist zwar an und für sich willkührlich, scheint mir aber die zweckmäfsigste allgemein festzusetzende Unterabtheilung zu sein, deren nähere Bestimmung den Specialreglements, eben so wie die Festsetzung des in jeder Classe täglich, wöchentlich oder monatlich zu verdienenden Geldquantums, vorbehalten bleiben mufs.

Dafs übrigens die Arbeitspensa mit Rücksicht auf die speciellen Zwecke einer jeden Classe der Gefangenanstalten bestimmt werden müssen, habe ich schon oben bemerkt, und brauche ich also hierüber nichts weiter zu sagen; so wie es denn auch wohl endlich ein jeder von selbst einsehen wird, dafs eine periodische Vertheilung der Gefangenen in die verschiedenen Arbeitsclassen um deshalb erforderlich ist, weil während dieses Zeitraums, in Rücksicht der Fähigkeiten und Kräfte der Arbeitenden, merkliche Veränderungen statt haben können.

Man kann überdies bei Vertheilung der Gefangenen in die verschiedenen Arbeitsclassen nicht sorgfältig genug sein. Die so höchst nöthige gleichmäſsige Behandlung derselben hängt mit davon ab. Nie muſs also solche ohne Vorwissen und Genehmigung der Verwaltungscommission statt haben, und diese wird bei einer periodischen Versetzung der Gefangenen aus einer Arbeitsclasse in die andere Gelegenheit haben, alle etwanige bei früheren Vertheilungen derselben mit untergelaufne Versehen von Zeit zu Zeit zu redressiren.

XXII.

Die Gefangenen müssen, besonders in den Straf- und Besserungsanstalten, des festgesetzten Arbeitspensums ungeachtet, mit aller Strenge zum Fleiſs und zur Arbeit, und also zur Gewinnung eines Überverdienstes angehalten werden.

Die Arbeitspensa können bei der Anordnung der Arbeitsclassen *für alle* Arbeiter einer jeden Classe *nie* so genau bestimmt werden, daſs nicht, während einer mit denselben kaum fertig zu werden im Stande ist, der andre noch Zeit zu mehreren Arbeiten übrig behält. Müssiggang darf aber in Straf- und Besserungsanstalten nie geduldet werden, und man kann es also den Gefangenen nicht gestatten, entweder bei der Bearbeitung ihres Arbeitspensums auffallend träge und lässig zu arbeiten, oder wohl gar, nach der Vollendung desselben, die ihnen noch übrige Zeit in Müssiggang hinzubringen. Das Gewöhnen an Fleiſs und an ununterbrochene Thätigkeit ist und bleibt vielmehr das erste Gesetz der Straf- und Besserungsanstalten. Die Officianten dieser Anstalten müssen also, ohne alle sonstige Rücksichten, dahin sehen, dafs solches aufs genaueste befolgt werde; mithin müssen sie sich nicht blofs damit begnügen, dafs der Gefangene sein bestimmtes Arbeitspensum vollende, sondern ihn auch dazu anhalten, dafs er überhaupt so viel arbeite, als er vermöge seiner Fähigkeiten und Kräfte zu arbeiten im Stande ist, das heifst: sie müssen dahin sehen, dafs er während der festgesetzten Arbeitsstunden nie müssig gehe und unbeschäftigt bleibe, wenn er wirklich auch das ihm festgesetzte Arbeitspensum vollendet hat.

XXIII.

Was die Gefangenen monatlich mehr als das festgesetzte Arbeitspensum verdienen, mufs ihnen ganz oder wenigstens zum Theil als Überverdienst zufliefsen.

Ich setze hierbei voraus, dafs die gewöhnlichen Arbeitspensa, besonders in den Strafanstalten, schon so stark berechnet und festgesetzt sein müssen, dafs der Gefangene wenigstens nicht faul und unfleifsig sein darf, wenn er damit fertig werden will. Um also Überverdienst zu erwerben, wird ein *aufserordentlicher* Fleifs erfordert. Diesen aber kann man billigerweise als *Zwangspflicht* nicht fordern; und man mufs also die Gefangenen durch Vortheile, die man ihnen dafür bewilligt, *innere* Motive zu geben suchen, und ihr eigenes Interesse mit dem Anwenden eines *aufserordentlichen* Fleifses um so mehr verflechten, als oft ein Gefangener sein Arbeitspensum mit beinahe unmerklicher und deshalb selten zu rügender Gemächlichkeit vollenden, und so einen Theil der Zeit verbringen kann, die er nützlicher verwenden könnte.

Ich würde sehr geneigt sein, den Gefangenen den *ganzen Überverdienst* zufliefsen zu lassen; indessen glaube ich nicht, dafs man solches als Regel annehmen kann. Die Arbeitspensa können dazu nicht genau genug bestimmt werden; und man mufs also ein *Quantum maximum*, allenfalls nach einer gewissen Quote, festsetzen, über welches der den Gefangenen zufliefsende Überverdienst nicht hinausgehen darf. Auch wie hoch diese das *Quantum maximum* bestimmende Quote festzusetzen sein dürfte, das hängt gröfstentheils von Willkühr und Localverhältnissen ab; specielle Vorschläge darüber gehören also für den vierten Abschnitt. Hier ist nur von *allgemeinen* Grundsätzen die Rede, welchen ich nur noch blofs die Bemerkung beifüge: dafs die Berechnung des Überverdienstes nicht anders als monatlich, beim Schlufs des Monats, zuzulegen, und den Gefangenen, welche in dem zur Berechnung kommenden Monat ihr Arbeitspensum durch ihre Schuld *im Ganzen* nicht erfüllt haben, das daran fehlende von dem ihnen an einzelnen Tagen des Monats zu gute geschriebenen Ueberverdienst, in Abzug zu bringen ist.

XXIV.

In den Strafanstalten mufs der Ertrag des Überverdienstes und der milden Gaben gesammlet, gehörig berechnet, und den Gefangenen erst bei ihrer Entlas-

sung zu ihrem weiteren Fortkommen zugestellt werden; in den Besserungsanstalten aber ist den Verhafteten die Verwendung zwar zu überlassen, jedoch nicht anders als unter der genausten und sorgfältigsten Controlle der Vorsteher derselben. Nirgends als in den Aufbewahrungsgefängnissen kann den Gefangenen die eigene freie Disposition darüber gestattet werden, und überall mufs, bei der Verwendung desselben, Ordnung und Mäfsigkeit beobachtet werden.

Die Grundsätze der Verwendung des Überverdienstes müssen in den verschiedenen Classen der Gefangenanstalten eben so verschieden sein, als es der Zweck derselben selbst ist.

In den Strafanstalten sollen die Gefangenen empfindliche sinnliche Übel erdulden, und alle Einrichtungen in denselben müssen also auf diesen Hauptzweck berechnet sein. Wenn man daher den Gefangenen in diesen Anstalten gestatten wollte, sich eine Erleichterung der strengen Lebensweise, welche darinn eingeführt sein mufs, durch sinnliche, zu ihrer Erhaltung nicht nothwendige Genüsse zu verschaffen, so würde solches dem Zweck der Anstalt offenbar zuwider sein. Ihnen darf also selbst der Ertrag ihres Fleifses keinen *unmittelbaren* sinnlichen Vortheil und Genufs verschaffen. Ihnen kann weder der Überverdient, noch ihr Antheil an den milden Gaben, zur unmittelbaren Disposition überlassen werden, sondern sie müssen sich vielmehr damit begnügen, dafs der Ertrag des Überverdienstes und ihr Antheil an den etwanigen milden Gaben für sie gesammlet, berechnet, und ihnen bei ihrer dereinstigen Entlassung ausgehändigt werde, um dadurch ihr weiteres Fortkommen zu erleichtern. —

Es scheint diesen Grundsätzen zwar entgegen zu stehen: dafs diese entfernte Aussicht sehr wenig, oder vielleicht gar nicht zu einem gröfseren Fleifs anspornen werde, und ich gestehe dies im Allgemeinen gern zu; indessen wird es doch immer einige Verbrecher geben, wie schon jetzt die Erfahrung in einigen bisherigen Strafanstalten lehrt, auf welche selbst diese entfernte Aussicht wirken, und sie zu einem gröfseren Fleifs bewegen wird. Für diejenigen, welche in der Folge bis zur Nachweisung eines ehrlichen Fortkommens verhaftet bleiben sollen, und deren frühere oder spätere Entlassung aus den Besserungsanstalten, in welche sie nach ausgestandener Strafe bis zur Leistung jener Nachweisung kommen, von der Ersparung eines kleinen Capitals mit abhängt, wird der Beweggrund schon stärker sein, und endlich geht auch meine Absicht bei den Strafanstalten überhaupt gar nicht dahin: dafs ich die Gefangenen auf einen grofsen Überverdienst rechnen lassen will. Sie sollen in den Strafanstalten empfindliche sinnliche Übel erdulden, mithin mufs selbst ihr Arbeitspensum, wie ich schon oben bemerkt habe, nach diesem Grundsatz abgemessen werden, das heifst: es mufs stärker und schwerer sein, als die Arbeitspensa in den Aufbewahrungs- und Besserungsanstalten. Ich will es in den Strafanstalten weit weniger dem guten Willen der Gefangenen überlassen, ob sie mehr oder weniger arbeiten wollen; ihre Arbeit soll ihnen so stark zugemessen werden, als es mit einer menschlichen Behandlung der Gefangenen nur immer bestehen kann. —

In den Besserungsanstalten mufs dagegen der Grundsatz herrschen:

> dafs von weitern sinnlichen Übeln, den Verlust der persönlichen Freiheit abgerechnet, gar nicht mehr die Rede sein darf, sondern die Gefangenen so gehalten werden müssen, wie ein ehrlicher aber dürftiger Arbeiter, um fortzukommen, sich selbst unterhalten würde.

Hieraus folgt, dafs mit Rücksicht auf den Grundsatz; *durch Gewöhnen zur Arbeit Besserung zu bewirken*, die Arbeitspensa zwar so abgemessen sein müssen, dafs aller Müssiggang vermieden werde; indessen dürfen sie doch einestheils nicht so stark und schwer sein, als in den Strafanstalten, und anderntheils ist es auch dem Zweck der Besserungsanstalten *nicht* zuwider, wenn ein Aufbewahrter sich durch eigenen Fleifs in den Stand setzt, sich einige Bequemlichkeiten zu verschaffen, welche die Anstalt selbst ihm zu gewähren weder verpflichtet noch vermögend ist. Man *kann* ihnen also den etwanigen Überverdienst zur eigenen Disposition überlassen; nur mufs dabei mit Vorsicht verfahren werden. Die Vorsteher der Anstalt müssen um jede Verwendung des Überverdienstes wissen, und sie ausdrücklich genehmigen.

In den Aufbewahrungsanstalten hat endlich

eben dies statt, und ist es unbedenklich, dafs den Gefangenen in selbigen der Überverdienst zur freien Disposition überlassen werden mufs. Es bedarf auch in denselben nicht einmal der strengen Aufsicht auf die Verwendung des Überverdienstes, sondern es ist schon genug, wenn nur dahin gesehen wird, dafs in denselben Mäfsigkeit und Ordnung, welche in allen Gefangenanstalten herrschen müssen, gehörig beobachtet werden.

XXV.

Die einzelnen Institute einer jeden Classe von Gefangenanstalten müssen auf gleichen Fufs eingerichtet, nach gleichen Principien verwaltet, und die Gefangenen in denselben nicht nur überhaupt, sondern auch besonders in Ansehung der Bekleidung, der Beköstigung, der Arbeit und der Zucht, so viel möglich gleich und nach Grundsätzen behandelt werden, welche Willkühr der Officianten ausschliefsen.

Die Inconvenienzen, welche daraus entstehen, wenn bei mehreren öffentlichen Anstalten, welche zu Einer Classe gehören, und einen und eben denselben Zweck haben, Verschiedenheit bei der Einrichtung und Verwaltung statt hat, und nicht nach einerlei Grundsätzen verfahren wird, fallen gröfstentheils von selbst in die Augen. Nicht zu gedenken, dafs es, bei einer solchen *verschiedenen* Einrichtung und Verwaltung, an und für sich unmöglich ist, dafs, wie es doch billig sein soll, *in allen* einzelnen Anstalten die *zweckmäfsigste* Einrichtung und Verwaltung angetroffen werde; so wird auch dadurch die

Übersicht des Ganzen, und die durchaus nothwendige Controlle des Staats ganz unendlich erschwert und beinahe unmöglich gemacht.

Bei den Gefangenanstalten ist dies ganz vorzüglich der Fall, weil sie unstreitig zu den verwickeltsten und in der Verwaltung mit den meisten und gröfsten Schwierigkeiten verbundenen Instituten gehören, und es dabei nicht blofs auf die Erhaltung des Ganzen ankömmt, sondern zugleich auch auf einen jeden einzelnen Gefangenen Rücksicht genommen werden mufs.

Wenn aber auch dies alles nicht wäre, so erfordern doch Recht und Billigkeit: dafs Gefangene, welche sich durch eine und eben dieselbe Handlung den Aufenthalt in den Gefangenanstalten zugezogen haben, auch in einem und eben demselben Staat nach gleichen Grundsätzen behandelt werden müssen.

Eine Gleichheit der Strafe ist sonst nicht möglich; sie ist blofs *dem Namen*, aber nicht *der Sache* nach vorhanden. Das Gesetz kann blofs die *Zeitdauer* der Bestrafung festsetzen; die Zeit allein aber bestimmt noch lange nicht die Härte oder die Gelindigkeit der Strafe. Der Aufenthalt in einer zweckwidrig gelinde und in einer zweckwidrig hart administrirten Gefangenanstalt kann das, aus der blofsen Zeitbestimmung hergenommene Maafs und Verhältnifs der Strafe oft so sehr umkehren, dafs eine und eben dieselbe Strafe doppelt und dreifach härter oder gelinder wird, je nachdem sie in dieser oder in jener Strafanstalt vollstreckt wird.

Soll also, wie es die Gerechtigkeit erfordert, *Gleichheit* bei den Strafen statt haben, so müssen die einzelnen Institute jeder Classe der Gefangenanstalten nach *einerlei* Grundsätzen eingerichtet und verwaltet werden; die Gefangenen müssen in allen gleich gut bekleidet, gleich gut beköstigt, und mit gleicher Strenge zur Arbeit und Ordnung gewöhnt und angehalten werden; wenigstens müssen die *allgemeinen Grundsätze*, nach welchen bei allen diesen Dingen in jeder Classe der Gefangenanstalten verfahren wird, sich überall völlig gleich sein, wenn auch die Localität einzelner Anstalten hier und da aufserordentliche Modificationen nöthig macht.

Selbst in den Aufbewahrungsgefängnissen, die freilich, ihrer Natur und Bestimmung nach, mancherlei Ungleichheiten bei der Behandlung einzelner Gefangenen zulassen und erfordern, mufs doch im Allgemeinen möglichste Gleichförmigkeit beobachtet werden. Die Ungleichheit der Behandlung mufs wenigstens nicht der Willkühr der Officianten überlassen, sondern ebenfalls nach gleichförmigen Grundsätzen regulirt sein. Wer sich aus eigenen Mitteln ernähren kann, oder bei wem dies der Fall nicht ist, diese einzelnen Gefangenen müssen in den Aufbewahrungsgefängnissen zwar auf verschiedene, dessen ungeachtet aber doch insofern auf gleiche Art behandelt werden, dafs eine und eben dieselbe *Gattung* dieser Gefangenen in *allen* Aufbewahrungsgefängnissen gleiche Rechte und gleiche Vortheile zu geniefsen hat, und solche von der Verfassung dieser

Anstalten fordern kann, ohne sie erst von der Willkühr der Officianten zu erschleichen und zu erbetteln.

Nichts erstickt überhaupt bei Menschen, welche einmal in Sittenverderbnifs versunken, durch ihre aufgedeckte Verbrechen in Strafe verfallen, und um ihren bürgerlichen guten Namen gekommen sind, alle Möglichkeit einer Besserung so sehr, als wenn die ihnen gesetzlich zuerkannte Strafe, von deren Rechtlichkeit doch die meisten innerlich überzeugt sind, wenn sie auch äufserlich das Gegentheil affectiren, *mit Willkühr* an ihnen vollzogen wird. Gemeinhin artet diese Willkühr in Härte und Grausamkeit aus, und sie fühlen es dann recht gut, dafs es nicht das Gesetz ist, welches sie straft, sondern dafs es nur die Handhaber und Vollstrecker der gesetzlichen Strafe, dafs es nur Menschen wie sie sind, welche ihren Zustand über die Absicht des Gesetzes hinaus verschlimmern, und sie so behandeln, als ob sie gar keine Persönlichkeit mehr hätten, als ob gar keine Pflichten weiter gegen sie zu beobachten wären. —

Nichts ist natürlicher, als dafs derjenige, der keine Pflichten gegen sich beobachten sieht, auch seinerseits keine Pflichten beobachten zu dürfen glaubt. Nur bei sehr gebildeten Menschen, die man in den Gefangenanstalten nicht suchen mufs, könnte man allenfalls das Gegentheil annehmen, und es bedarf also wohl keines weitern Beweises: dafs, bei dieser Classe von Menschen, eine solche Unterdrückung des Gefühls von Pflicht alle vielleicht noch übrige Moralität vollends zerstört.

Man kann, besonders in den Strafanstalten, mit gröſster Strenge verfahren; nur überzeuge man den Gestraften, daſs er *durch das Gesetz* und *nach bestimmten Vorschriften*, nicht *durch die Handhaber des Gesetzes* und *nach Willkühr* behandelt werde. Dies kann aber nur dadurch geschehen: daſs man alle Gefangenen in einer und derselben Anstalt, und in einer und derselben Classe von Gefangenanstalten, ganz gleich behandelt.

Ich kann mich daher auch schlechterdings nicht überzeugen, daſs es zweckmäſsig sein sollte, den *scheinbar* besseren Verhafteten Vorzüge in der Behandlungsart angedeihen zu lassen. Man kann so wenig verhindern, daſs dies in unüberlegte Partheilichkeit, als im entgegengesetzten Fall in die gröſste Strenge und Härte ausarte.

Das Bewilligen oder Versagen von Vorzügen kann, seiner Natur nach, nicht durch hinlänglich sichere gesetzliche Vorschriften bestimmt werden. Es muſs vielmehr der Beurtheilung der Officianten überlassen bleiben, wer der bessere oder schlechtere Gefangene ist, wer Vorzüge verdient oder nicht. Könnte man auch noch so pflichtmäſsige Officianten erhalten, als worauf man zwar sein Augenmerk vorzüglich richten muſs, auf die man aber doch nie mit Sicherheit rechnen kann, so bleiben sie doch immer dem Irrthum unterworfen. Sie, nicht aber das Gesetz, bestimmen dann ganz eigentlich den Grad der Strafe, und das für die Moralität der Verhafteten so gefährliche Gefühl, daſs es bloſs *Menschen* sind, und nicht das *Gesetz*, welche sie strafen, und von welchen sie abhängig gemacht sind, bleibt in den Verhafteten. Daſs überdies nur Heuchler dadurch gebildet werden, habe ich schon im ersten Abschnitt Seite 27 bemerkt.

XXVI.

Die Gefangenen einer jeden Gefangenanstalt müssen gehörig von einander separirt, in gewisse Classen vertheilt, und bei dieser Classification die Rücksicht zum Grunde gelegt werden: daſs allen zu besorgenden Verführungen möglichst vorgebeugt werde.

In der Vernachlässigung dieses Grundsatzes liegt eines der Hauptgebrechen der Gefangenanstalten. Man classificirt darinn die Gefangenen entweder gar nicht, oder man nimmt das *äuſsere scheinbare moralische* Betragen derselben als Grund der Classification an. Im ersteren Fall bringt das Ungefähr, und im letzteren Heuchelei der Gefangenen und Schwachheiten der Officianten, Verführer und Verführungsfähige, ausgelernte Verbrecher und Anfänger, durch und zu einander. Hierbei nun ist es freilich kein Wunder, wenn die Strafanstalten in die verderblichsten Pflanzschulen der Verführung ausgeartet sind, wenn ein Verbrecher, der vielleicht nur einmal, eines kleinen Vergehens wegen, auf eine Festung oder in ein Zuchthaus kömmt, gemeinhin so gut als auf immer verloren anzusehen ist. —

Diese verderbliche und fehlerhafte Einrichtung muſs also vor allen Dingen abgeschafft werden.

Der Staat verletzt dadurch eine seiner ersten Pflichten, die nemlich: für die Moralität seiner Bürger, und besonders derjenigen, welche er, wie die Gefangenen, in seine besondere Aufsicht genommen hat, *negative* zu sorgen, und giebt ihnen sogar durch Einrichtungen und Anstalten, die er selbst getroffen hat, Veranlassung, moralisch schlechter zu werden. Er schlägt sich selbst dadurch eine sehr gefährliche Wunde, indem der bei weitem gröſste Theil der Gefangenen doch über kurz oder lang wieder entlassen werden muſs, und die in den Gefangenanstalten theils verführte, theils nun erst recht zum höchsten Grad der Bosheit ausgebildete Rotte von Verbrechern dem Staate Gefahr droht, und Verlegenheiten veranlaſst, die ich nicht zu schildern brauche, da es leider! die allgemeine Erfahrung für mich thut.

Wäre kein anderes Mittel und keine andere und bessere Art die Gefangenen zu classificiren möglich, als daſs man das *äuſsere scheinbar moralische* Betragen derselben dabei zum Grunde legen müſste, so würde ich daran verzweifeln, daſs hierunter etwas verbessert werden könne. Das ist aber meines Ermessens nicht der Fall. Ich beziehe mich deshalb auf das hierüber schon im ersten Abschnitt Seite 44 gesagte, wo ich bereits eine bessere und minder unsichre Art zu classificiren angegeben habe.

Ich gehe nemlich von dem dort weiter ausgeführten Grundsatz aus: daſs nur Verbrecher gegen die Sicherheit des Eigenthums und das Vermögen andrer diejenigen sind, von welchen Ansteckung und Verführung zu demselben Verbrechen zu befürchten ist. Diese müssen von allen übrigen Verbrechern abgesondert, und unter sich in die Classe der Verführer und in die Classe derjenigen vertheilt werden, deren Verführung zu besorgen steht. Ganz verworfene Verbrecher dieser Art muſs man von den übrigen, deren Besserung noch möglich zu sein scheint, ganz trennen, und übrigens darauf bedacht sein: die Vorsteher der Straf- und Besserungsanstalten mit dem Lebenswandel der Verbrecher, mit ihren Verbrechen, und mit den dieselben begleitenden Umständen, hinlänglich bekannt zu machen, damit sie hiernach bestimmen können, zu welcher Classe ein jeder derselben gehört.

Die hierbei zu beobachtenden Modalitäten und Vorsichten hängen übrigens groſsentheils von Localumständen und von den anderweitigen besondern Staatseinrichtungen ab. Im Allgemeinen lassen sich solche nicht bestimmen und angeben. Ein jeder Staat muſs sie mit Rücksicht auf seine Verfassung anordnen, und behalte ich mir daher vor, dieserhalb im *vierten* Abschnitte nähere Vorschläge zu thun.

XXVII.

In den Gefangenanstalten muſs den Verhafteten so viel möglich Veranlassung gegeben werden, sich während ihres Aufenthalts in denselben auch moralisch zu bessern.

Ich sage, es muſs ihnen *Veranlassung* zur moralischen Besserung gegeben werden, und meine

Ausführungen im ersten Abschnitt über den Unterschied: ob man sich moralische Besserung als Zweck vorsetzt, oder nur *Veranlassung* dazu giebt, mithin *positive* oder *negative* darauf Rücksicht nimmt, wird mich gegen den Vorwurf sichern, daſs ich in Widersprüche verfalle, wenn ich hier die Sorge für die moralische Besserung der Gefangenen als Grundsatz aufstelle, nachdem ich vorher erwiesen habe, daſs sie *in dieser Beziehung* nie eigentlicher *Zweck* des Staast werden kann und darf.

Hier ist bloſs von der *negativen* Rücksicht die Rede, welche der Staat auf die moralische Besserung der Gefangenen zu nehmen verpflichtet ist, indem er ihnen Gelegenheit und Veranlassung giebt, ihre moralische Besserung *selbstthätig* zu bewirken.

In dieser Hinsicht ist der Staat nicht nur verbunden, die Gefangenen zur Beobachtung einer strengen Mäſsigkeit, Ordnung und Arbeitsamkeit zu gewöhnen, weil dies durch äuſsere Zwangsmittel bewirkt werden kann, und den Weg zur moralischen Besserung bereitet, sondern er muſs sie auch zu Religionsübungen gewöhnen, und zu denselben mit Strenge anhalten, indem selbst dies Gewöhnen zu Religionsübungen gewissermaſsen mit zu dem sogenannten *physischen*, in einem bloſsen *Gewöhnen* bestehenden Bessern gehört.

Stellen dann einem oder dem andern der Gefangenen freie Einsicht und eigener freier Entschluſs die Religionswahrheiten als heilsam und wünschenswerh dar, so muſs es ihm nicht an Gelegenheit fehlen, seine moralische Besserung selbstthätig zu vollenden; es muſs ihm an dem nöthigen Unterricht über Moralität und Pflichten nicht mangeln. Hat aber der Staat hierfür gesorgt, so hat er auch *alles* gethan, was er zur Beförderung der moralischen Besserung eines Gefangenen thun *kann* und zu thun *verbunden ist.*

XXVIII.

Über die Entlassung der Gefangenen aus jeder Classe von Gefangenanstalten müssen dergestalt feste und allgemeine Vorschriften vorhanden sein, daſs weder willkührliche Entlassung und Beurlaubung der Gefangenen, noch willkührliche Verlängerung des Arrests statt haben, und man versichert sein kann, daſs die Entlassung der Gefangenen dann, und nicht eher erfolgt, bis entweder der Zweck der Aufbewahrung erreicht, oder doch nach Grundsätzen einer vernünftigen Wahrscheinlichkeit als erreicht anzunehmen ist.

Darüber kann wohl kein Bedenken sein, daſs vor allen Dingen dem in vielen Strafanstalten eingeschlichnen groben Miſsbrauch gesteuert werden muſs, vermöge dessen sich die Vorsteher derselben hier und da willkührliche Verlängerung der erkannten Strafzeit, bald unter diesem, bald unter jenem Vorwande erlauben, wie zum Beispiel unter dem Vorwande, daſs der Verbrecher ausgebrochen sei, auszubrechen versucht, oder während der Strafzeit faul und nachlässig gearbeitet habe; und daſs ihnen eben so wenig willkührliche Beurlaubung der Sträflinge, während der Strafzeit, gestattet werden darf. Die bei Vollstreckung der Strafen überall schädliche Willkühr wird hierbei vollends im höchsten Grade verderblich, und es muſs also durch Gesetze und allgemeine Vorschriften fest bestimmt sein, wann und unter welchen Umständen und Vorsichtsmaaſsregeln die Entlassung erfolgen könne und müsse.

In den Aufbewahrungsgefängnissen entstehen hierbei überall keine Schwierigkeiten, sondern es kömmt bloſs auf die Befolgung der von den inquirirenden und erkennenden Richtern in jedem einzelnen Fall zu treffenden Verfügungen an.

Daſs diese Verfügungen den Gesetzen gemäſs, und daſs die Gesetze selbst zweckmäſsig sind, gehört zum Ressort anderer Behörden. Die Behörden der Gefangenanstalten haben hierbei keine andere Pflicht, als die richterlichen Verfügungen genau und strenge zu befolgen. —

Eben dies ist auch der Fall in den Strafgefängnissen, sobald entweder auf nichts weiter erkannt ist, als auf eine dem Zeitmaaſs nach *bestimmt* festgesetzte Strafe, oder auf *unbedingte* Ablieferung in eine Besserungsanstalt nach beendeter Strafzeit. Auch hier haben die Strafanstalten keine andere Pflicht, als das Erkenntniſs zu befolgen. Der Gefangene wird entlassen, sobald die im Erkenntniſs bestimmt festgesetzte Zeit abgelaufen ist, oder er wird sodann in eine Besserungsanstalt abgeliefert. —

Dagegen ist die Entlassung der Gefangenen aus den Strafanstalten schon mit mehreren Schwierigkeiten und Bedenken verbunden, wenn der Fall eintritt: daſs ein Verhafteter, in Gemäſsheit des

Straferkenntnisses, nur dann völlig zu entlassen, und *nicht* in eine Besserungsanstalt abzuliefern ist, wann er, nach beendigter Strafzeit, gehörig nachweisen kann, dafs, und wovon er sich ehrlich zu ernähren im Stande sei. In diesem Fall kann, wenn gleich die Dauer der *Strafzeit* im Erkenntnifs festgesetzt ist, in demselben nicht im Voraus bestimmt werden: ob der Verhaftete, nach Beendigung der Strafzeit, zu entlassen, oder in eine Besserungsanstalt abzuliefern sei. Es hängt dies vielmehr lediglich von der im Erkenntnifs erforderten Nachweisung ab, und die Strafanstalten müssen also deshalb mit bestimmten Vorschriften versehen sein. —

Die gröfsten und erheblichsten Schwierigkeiten entstehen aber bei der Entlassung der Gefangenen aus den Besserungsanstalten. Hier kann die Entlassung *nie* zum voraus bestimmt, und nie zum voraus *blofs* von einer gewissen Zeitfrist abhängig gemacht werden. Hier erfordert ein jeder einzelner Fall eine sorgfältige Untersuchung und Beurtheilung der vorkommenden Umstände, und hier ist es also, wo sich das schwere, fast unauflösliche Problem darstellt: nicht nur feste und allgemeine Grundsätze anzugeben, deren Befolgung alle so leicht mögliche Mifsgriffe, nach den Regeln einer vernünftigen Wahrscheinlichkeit, ausschliefst oder doch möglichst erschwert, sondern auch solche Vorsichtsmaafsregeln zu treffen, dafs bei der Ausführung der an sich richtigen Grundsätze (welche doch immer einzelnen, dem Irrthum unterworfenen Menschen überlassen werden muſs) nicht mit zu groſser Willkühr verfahren werde, oder leere Förmlichkeiten an die Stelle richtiger Grundsätze treten. —

Auf Aufbewahrung in eine Besserungsanstalt kann nur in nachstehenden dreien Fällen erkannt werden, [7]) wenn nemlich:

entweder der Verhaftete nach ausgestandener Strafe *nicht* nachzuweisen im Stande ist, wovon er sich ehrlich ernähren kann und will;

oder wenn sein Hang und seine eingewurzelte Neigung zu einem gewissen Verbrechen dem Staate Gefahr drohen;

oder wenn beide Falle zugleich eintreten, und der Staat von dem bestraften Verbrecher, vermöge seines eingewurzelten Hanges zu einem gewissen Verbrechen, nicht nur Gefahr zu besorgen hat, sondern auch der Verbrecher nicht nachweisen kann: wovon er sich nach seiner Entlassung ehrlich zu ernähren im Stande sei.

In allen diesen dreien Fällen, in welchen das Erkenntniſs nach Verschiedenheit der vorkommenden

---

[7]) Mit Bezug auf dasjenige, was ich schon im ersten Theil dieser Schrift Seite 89 über Erkenntnisse auf Einsperrung *bis zur Begnadigung* gesagt habe, setze ich zum Voraus, daſs dergleichen weder zweckmäſsige noch rechtlich zu nennende Erkenntnisse bald wieder abgeschafft werden dürften.

Umstände, auf Nachweisung eines ehrlichen Fortkommens, oder auf Besserung, oder auf beides zugleich, mithin auf Besserung *und* Nachweisung eines ehrlichen Fortkommens gerichtet werden muſs, ist es nothwendig, daſs die Vorsteher der Besserungsanstalten mit bestimmten Vorschriften darüber versehen sind: *wann* und *wodurch* die in dem Straferkenntniſs erforderte Nachweisung eines ehrlichen Fortkommens, oder der Besserung, oder beider Erfordernisse zugleich, für geleistet zu achten, und *wem* die Beurtheilung zu überlassen sei, ob jene Nachweisung wirklich geleistet sei oder nicht.

Geschieht dieses nicht, und werden hierüber nicht bestimmte Vorschriften ertheilt, so bleibt alles beim alten; die Erkenntnisse auf Einsperrung bis zur Nachweisung eines ehrlichen Fortkommens oder bis zur Besserung führen zu nichts; alles läuft nach wie vor auf eine leere Formalität hinaus, und wird zu einer ganz ungebundenen Willkühr.

Es fragt sich also, nach welchen *allgemeinen* Vorschriften und Grundsätzen die Besserungsanstalten in den vorgedachten drei Fällen bei Entlassung der Verhafteten zu verfahren haben? indem es sich von selbst verstehet, daſs die Strafanstalten in dem ersten, auch bei ihnen, wie vorgedacht, möglichen Fall, nach gleichen Grundsätzen zu Werke gehen müssen.

Im ersten Fall, in welchem es darauf ankömmt: was bei der erforderten Nachweisung eines weitern ehrlichen Fortkommens zu beobachten, und wann solche für geleistet anzunehmen sei? kann man beinahe gar keine *allgemeinen* Vorschriften und Grundsätze aufstellen, aufser: dafs der Staat den Verhafteten die Nachweisung eines ehrlichen Fortkommens nicht sorglos überlassen, sondern dabei mitwirken, und für ein ehrliches Unterkommen derselben auf der einen Seite sorgen helfen, auf der andern Seite aber, bei Beurtheilung der Frage: ob die Nachweisung geleistet sei? mit der gröfsten Sorgfalt und Genauigkeit zu Werke gehen und solche den Vorstehern der Gefangenanstalten *allein* nicht überlassen mufs. Alles übrige hängt hierbei zu sehr von der innern Verfassung und Einrichtung des Staats und von Localumständen ab. Man kann es ohne Rücksicht auf selbige nur selten beurtheilen: ob diese oder jene vom Verbrecher angegebene Art, wie er sich nach der Entlassung ehrlich ernähren wolle, zweckmäfsig und ausführbar sei, und ob also die erforderte Nachweisung als gehörig geleistet angenommen werden könne. Was ich also hierüber weiter zu sagen habe, gehört nicht in den gegenwärtigen Abschnitt, wo es nur auf Aufstellung *allgemeiner* Grundsätze ankömmt, sondern in den *vierten* Abschnitt, welcher meinen Verbesserungsvorschlägen, mit Rücksicht auf die Verfassung des Preufsischen Staats, gewidmet ist.

In den Fällen aber, in welchen es auf die Beurtheilung der *Besserung* eines Verbrechers ankömmt, ist es allerdings möglich und auch nothwendig, dafs nach *allgemeinen Grundsätzen*, und nach den Regeln einer vernünftigen Wahrscheinlichkeit, bestimmt und festgesetzt werde: nach welchen äuſserlichen Erscheinungen die Besserung eines Verhafteten zu beurtheilen sei?

Hierbei nun gehe ich von dem erwiesenen Grundsatz aus: daſs wenigstens bei uns die *moralische Besserung* der Verhafteten nie zum Zweck der Besserungsanstalten gemacht, sondern darauf nur *negative* Rücksicht genommen werden kann. Es folgt hieraus von selbst: daſs also auch, bei Beurtheilung der Besserung der Verhafteten, auf das *moralische* Verhalten derselben nur eine *negative* Rücksicht zu nehmen sei.

Ich kann nemlich denjenigen nicht entlassen, der sich äuſserlich *unmoralisch* beträgt, und durch Ordnungsstrafen zur Arbeitsamkeit, Ordnung und äuſseren Ehrbarkeit fortdauernd angehalten werden muſs; aber es folgt hieraus nicht: daſs ich denjenigen entlassen könne und müsse, der sich *besser*, vielleicht nur *klüger*, beträgt; denn gerade das ist es, was ich nicht zu unterscheiden und zu beurtheilen vermag. Ich weiſs nicht und kann es nicht entscheiden: ob wirkliche *Besserung* oder nur *Klugheit* den Verhafteten zu dem äuſseren moralischen Wohlverhalten antreibt, besonders wenn seine Entlassung davon abhängig gemacht ist. —

Will ich also meinen Zweck: den Verhafteten durch Gewöhnen zur Arbeit und Ordnung *physisch* zu bessern, erreichen, und mit einiger Wahrscheinlichkeit versichert sein, daſs ich ihn erreicht habe, so muſs ich, ohne Rücksicht auf das äuſsere scheinbar moralische Betragen der Verhafteten, gewisse *Bes-*

serungsfristen bestimmen, *vor deren Ablauf* eine Besserung schlechterdings nicht angenommen und nicht vermuthet werden kann.

Für *alle* Verhaftete können diese Besserungsfristen ohne Ungerechtigkeit nicht von *gleicher* Dauer sein. — Der Dieb und Räuber, welcher sich weder durch die angedrohte, noch durch die bereits an ihm vollstreckte Strafe von Wiederholung des Verbrechens hat abhalten lassen, drohet dem Staat grössere Gefahr, und erfordert mehr Zeit, um gewöhnt zu werden, als der Bettler und Vagabonde, der noch keine Verbrechen begangen hat, wohl aber, wegen seines Hanges zum Müssiggange, dergleichen befürchten läfst. — Ich mufs also *verschiedene* Besserungsfristen bestimmen, nie aber den Grund dieser Verschiedenheit von dem Betragen der Verhafteten *in* den Besserungsanstalten abhängig sein lassen, sondern solchen immer von ihrem Betragen *vor* ihrer Verhaftung, und von der Ursache, welche sie in die Besserungsanstalt gebracht hat, entnehmen, indem ich sonst Gefahr laufe, durch Künste der Heuchelei getäuscht zu werden. —

Das scheinbar bessere Benehmen des Verhafteten *in* der Anstalt kann und darf also nie eine Verkürzung der durch *allgemeine* Vorschriften für diese oder jene Classe von Verhafteten einmal festgesetzten Besserungsfrist begründen, wenn gleich eine schlechte Aufführung die Verlängerung der Aufbewahrung zur Folge haben mufs. —

Auf diese Art kann ich hoffen, dafs *allgemein* bestimmte Besserungsfristen, welche verhältnifsmäfsig nicht unbeträchtlich sein dürfen, meiner Absicht zu *gewöhnen*, wozu immer *Zeit* gehört, beförderlich sein werden.

Damit ist aber mein Zweck: dafs der Verhaftete auch nach der Entlassung bei diesem *Gewöhnen* beharren soll, noch lange nicht erreicht.

Leute dieser Art gehören fast immer zu der Zahl der Unglücklichen, welche gar nichts zu verlieren haben. Dies ist, besonders bei einem schon eingewurzelten Hang zu unrechtlichen Handlungen, gerade die allergefährlichste Classe von Menschen; und will ich also meinen Zweck erreichen, so mufs ich sie aus der Zahl dieser Unglücklichen herauszureifsen suchen. Ich will sie daher nicht eher entlassen, bis sie sich in den Besserungsanstalten ein, nach der Dauer der bestimmten Aufbewahrungsfrist, näher zu bestimmendes kleines Capital gesammlet, und nun wenigstens etwas, und zwar so etwas zu verlieren haben, dessen Erwerben ihnen sauer geworden ist.

Aufserdem will ich sie, damit sie nicht gleich nach der Entlassung in ihren vorigen Schmutz und Unreinigkeit zurückfallen, und ein ehrliches Unterkommen finden können, nicht nackend und blofs entlassen; ich will vielmehr für ihre anständige Bekleidung bei der Entlassung sorgen. —

Dessen ungeachtet bleibt der Übergang aus der in den Besserungsanstalten nothwendig gewesenen Einschränkung der persönlichen Freiheit zur völligen, uneingeschränkten persönlichen Freiheit immer viel zu grofs, als dafs man, auch bei Beobachtung aller möglichen Vorsichten bei Entlassung der Verhafteten, nicht der Gefahr eines Rückfalls, nach ihrem Wiedereintritt in die Welt, ausgesetzt bleiben sollte.

Man kann und darf sie also nicht gleich nach ihrer Entlassung ihrem eigenen Schicksal überlassen. Ich will ihnen daher das gesammlete Capital nicht mit einemmal, und nicht gleich nach ihrer Entlassung, zu ihrer eigenen ganz freien Disposition aushändigen. Ich will vielmehr das Gewöhnen auch nach der Entlassung fortsetzen, und sie, so wie sie in den Besserungsanstalten zur Arbeit und Ordnung gewöhnt wurden, nach ihrer Entlassung auch wieder zum Gebrauch ihrer persönlichen Freiheit, und zur zweckmäſsigen Verwendung der Früchte ihres Arbeitsfleiſses gewöhnen, und ganz vorzüglich dahin sehen und dafür sorgen: daſs diese Aufsicht nach der Entlassung *wirklich* statt habe, und nicht in eine zwecklose Förmlichkeit ausarte. —

Die Befolgung dieser Grundsätze und die Beurtheilung der Fragen: ob ein Verhafteter ein ehrliches Fortkommen nachgewiesen? ob eine physische Besserung desselben zu vermuthen und anzunehmen? und ob dessen Entlassung in dem einen oder dem andern Fall verfügt werden könne? will ich endlich den Officianten der Anstalt schlechterdings nicht überlassen. Ich will dabei mit der gröſsten Genauigkeit und Behutsamkeit zu Werke gehen. Die Verwaltungscommissionen der Gefangenanstalten sollen in jedem einzelnen Fall sorgfältig untersuchen: ob und unter welchen Modalitäten die Entlassung, nach den vorgeschriebenen Grundsätzen, erfolgen könne. Sie sollen deshalb, mit Beifügung der aufgenommenen Verhandlungen, an die Hauptverwaltungsdirection gutachtlich berichten, und diese allein soll entscheiden: ob und unter welchen Bedingungen die Entlassung statt haben könne oder nicht. —

Dies ist der Umriſs der *allgemeinen* Grundsätze, von welchen ich ausgehe, und auf welche ich im *vierten* Abschnitt meine Verbesserungsvorschläge bauen werde. Sie laufen, um sie ganz kurz im Zusammenhange zu wiederholen, darauf hinaus:

1. bestimmte Fristen festzusetzen, *vor deren Ablauf* keine Besserung *vermuthet* werden kann;
2. innerhalb dieser Fristen ein fortgesetztes äuſseres Wohlverhalten der Gefangenen zu erfordern, und sie dazu zu gewöhnen;
3. die Wahrscheinlichkeit, daſs dieses Wohlverhalten auch nach der Entlassung werde fortgesetzt werden, dadurch zu begründen, daſs der Verhaftete aus der Zahl derer gerissen wird, die nichts zu verlieren haben;
4. das weitere ehrliche Fortkommen der Verhafteten denselben nicht allein, und sorglos zu überlassen, sondern dabei mit zu wirken, und ihr Unterkommen so viel möglich zu befördern;
5. sie nicht nackend und bloſs, sondern immer anständig bekleidet, zu entlassen, als wes-

halb ich bei dem gleich folgenden Grundsatz das weitere auszuführen mir vorbehalte;

6. bei der Beurtheilung: ob ein Verhafteter nach den angenommenen Grundsätzen zu entlassen sei, mit der gröfsten Vorsicht und Behutsamkeit zu verfahren, und solche nie den Officianten der Anstalt *allein* zu überlassen;

7. auf die Entlassenen, auch nach ihrer Entlassung, sorgfältig zu achten, und sie allmählig wieder zum unschädlichen Gebrauch ihrer persönlichen Freiheit, und zur zweckmäſsigen Verwendung ihres Arbeitsverdienstes zu gewöhnen.

Die nähere Bestimmung dieser bei der Entlassung der Verhafteten zu beobachtenden Hauptgrundsätze, und die bei der Ausführung derselben zu beobachtenden Details, hängen unstreitig von der besondern Einrichtung und Verfassung eines jeden Staats, und von den darnach oft statt habenden Localverhältnissen ab. Auch diese gehören also nicht hierher, wo nur von *allgemeinen* Grundsätzen die Rede ist. Was ich deshalb mit Rücksicht auf unsere Verfassung zu sagen habe, das gehört vielmehr lediglich in den *vierten* Abschnitt.

So sehr ich übrigens befürchte, dafs, auch bei der sorgfältigsten Beobachtung der vorgeschlagenen Grundsätze, noch immer Miſsgriffe statt haben werden, eben so gewiſs glaube ich doch, daſs wenn die Idee einer Besserungsanstalt nicht überall ein bloſs menschenfreundlicher Traum, sondern ausführbar ist, nur auf diesem Wege die Zwecke derselben, *mit einiger Wahrscheinlichkeit*, erreicht werden können. Mehr kann aber hierbei weder geleistet noch gefordert werden. *Völlige Gewifsheit* ist auch bei einer *physischen* Besserung unmöglich; man kann nur auf *vernünftige Wahrscheinlichkeit* Anspruch machen. — Aber der Gewinnst ist doch immer grofs genug; denn bei der *moralischen* Besserung kann auch nicht einmal von Wahrscheinlichkeit die Rede sein. —

XXIX.

Die Gefangenen müssen aus den Straf- und Besserungsanstalten nicht nackend und blofs entlassen werden, sondern sie müssen vielmehr in selbige, mit den nöthigen Kleidungsstücken versehen, abgeliefert, und in diesen gehörig aufbewahrten Kleidungsstücken wiederum in Freiheit gesetzt werden.

Wenn man fortfährt, so wie es zeither fast immer der Fall gewesen ist, die Gefangenen nackend und blofs, oder wenigstens in einer Kleidung zu entlassen, in welcher sie sich niemanden zeigen dürfen, so ist es, selbst bei Beobachtung aller sonstigen im vorstehenden Satz vorgeschlagenen Vorsichten, unmöglich, dafs die Straf- und Besserungszwecke des Staats erreicht werden können.

Niemand läfst sich mit einem solchen in Lumpen gehüllten Menschen ein, wenn er auch nicht einmal weifs, dafs er so eben von einer Festung oder aus einem Zuchthause entlassen ist; niemand verlangt seine Dienste, und nimmt ihn in Arbeit. Der Entlassene kann sich also, wenn er es auch gern thun wollte, durch Fleifs und Arbeitsamkeit nicht forthelfen, er mufs betteln oder stehlen, und wird durch die Noth gezwungen, zum Müssiggang und Laster zurückzukehren. —

Dabei ist es der höchste Grad von Inconsequenz: dafs man die Gefangenen zur Reinlichkeit, äufsern Ehrbarkeit und Anständigkeit zu gewöhnen sucht, und sie, wenn die dadurch bewirkte physische Besserung ihre eigentliche Wirksamkeit zeigen soll, in einem Zustande entläfst, in welchem sie gezwungen sind, in ihren vorigen Schmutz und Unflat zurückzukehren. —

Der Staat ist verpflichtet, wie ich es schon bei dem 13ten Satz weiter ausgeführt habe, die Gefangenen während ihres Aufenthalts in den Gefangenanstalten anständig zu bekleiden; aber ihm liegt nicht minder die Pflicht ob, auch dafür zu sorgen, dafs die Gefangenen nicht nackend und blofs, sondern anständig bekleidet, entlassen werden, weil sonst, wie gesagt, seine Straf- und Besserungszwecke schlechterdings nicht erreicht werden können.

Wenn aber zweckmäfsig eingerichtete Straf- und Besserungsanstalten dafür zu sorgen verpflichtet sind, dafs die Gefangenen nicht nackend und blofs in die Welt zurückgeschickt werden; so müssen sie auch zu verlangen berechtigt sein, dafs die Gefangenen mit den nöthigen Kleidungsstücken versehen an sie abgeliefert werden. Denn dafs sie die Gefangenen in Lumpen annehmen, und gut bekleidet wieder entlassen sollten, das kann auf keinen Fall nach Recht oder Billigkeit gefordert werden.

Sie erfüllen die ihnen obliegende Pflicht, wenn sie die Gefangenen während ihres Aufenthals in der Anstalt anständig und zweckmäſsig bekleiden. Ein mehreres zu thun sind sie nicht verbunden. Dagegen aber gehört es offenbar zu den Pflichten derjenigen Behörden, welche die Gefangenen in die Straf- und Besserungsanstalten abliefern, daſs sie solche, wenn gleich nicht mit ganz neuen, doch wenigstens mit guten und brauchbaren Kleidungsstücken versehen, abliefern müssen.

Können solche aus dem eigenen Vermögen der Verhafteten angeschafft werden, so verstehet es sich von selbst, daſs daraus die Kosten dazu bestritten werden müssen. Ist dies aber nicht der Fall, so folgt die Verpflichtung jener Behörden zur Anschaffung derselben einestheils aus den allgemeinen Versorgungspflichten, welche den Ortsobrigkeiten gegen ihre verarmten Unterthanen und Gerichtseingesessenen obliegen, und anderntheils aus der Verbindlichkeit, die erforderlichen Atzungskosten zu tragen, indem sich, wenn der Gefangene nicht mit nothdürftiger Kleidung versehen ist, keine zweckmäſsige Aufbewahrung und Entlassung desselben fordern läſst.

Die Behörden, welche die Gefangenen abliefern, sind also dazu in jeder Rücksicht verbunden, und müssen dazu angehalten werden, wenn der Strafzweck erfüllt, und die Fonds der Gefangenanstalten nicht, durch Aufbürdung einer ihnen ganz fremden Last, beschwert werden sollen; denn nur dann ist es möglich und ausführbar, dafs die Gefangenen, anständig bekleidet, entlassen werden können, wenn sie den Gefangenanstalten in der Art überliefert werden, diese sie während ihrer Aufbewahrung mit den nöthigen Kleidungsstücken versehen, für die zweckmäfsige Aufbewahrung der mitgebrachten Kleidungsstücke sorgen, und demnächst die Gefangenen in eben diesen Kleidungsstücken entlassen [8]).

XXX.

Die allgemeinen und Hauptgrundsätze, welche bei der Einrichtung, Verwaltung und Regie einer jeden Classe der Gefangenanstalten unveränderlich zu beobachten sind, müssen mittelst eines Hauptreglements, für jede Classe der Gefangenanstalten, bestimmt sein, und jede einzelne Gefangenanstalt mufs wieder mit einem Specialreglement, und mit den nöthigen speciellen Instructionen für die Officianten der Anstalt, versehen sein.

Wenn der, nach den *erwiesenen* verschiedenen Zwecken einer jeden Classe der Gefangenanstalten, *wesentlich* erforderliche Unterschied, bei der Einrichtung, Regie und Verwaltung derselben wirklich

---

[8]) In verschiedenen Zuchthäusern, und unter andern in den Zuchthäusern zu *Torgau* und *Zürch*, findet diese Einrichtung schon wirklich statt.

statt haben, und wenn ferner die einzelnen Institute einer jeden Classe von Gefangenanstalten auf *völlig gleichen Fuſs*, und nach völlig gleichen Grundsätzen, verwaltet werden sollen, so sind Hauptreglements, für eine jede Classe der Gefangenanstalten, ein unentbehrliches Bedürfniſs. Denn um dies zu erreichen, muſs man nach allgemeinen, festen und unabänderlichen Grundsätzen verfahren, und gerade diese müssen die Hauptreglements feststellen. Sie müssen, mit Rücksicht auf die verschiedenen Zwecke einer jeden Classe der Gefangenanstalten, die Hauptgrundsätze ihrer Verwaltung enthalten, die allgemeinen, unabänderlichen, und jede Classe der Gefangenanstalten *wesentlich* von der andern unterscheidenden Grundsätze aufstellen, besonders aber die Verschiedenheiten in der Behandlung der Gefangenen, und wo dergleichen nur irgend erlaubt, nützlich und nothwendig sind, so bestimmt als möglich angeben, und so die Gränzen einer jeden Classe der Gefangenanstalten *deutlich* und *scharf* bezeichnen.

Geschiehet dies, und wird dem gemäſs verfahren, so hat man nicht weiter zu befürchten Ursach, daſs die verschiedenen Classen der Gefangenanstalten, so wie bisher, bloſs dem *Namen* nach unterschieden sein werden. Sie sind es dann auch der *Sache* nach, und das Schicksal eines Verhafteten ist nicht weiter, so wie jetzt, von dem zufälligen Umstande abhängig: ob er in einer *südlichen*, oder in einer *nördlichen* Provinz verhaftet worden. Die Behandlung der Gefangenen, in den einzelnen Instituten einer jeden Classe der Gefangenanstalten, ist vielmehr dann gleichfalls nach festen und unabänderlichen, *allgemeinen* Grundsätzen bestimmt. —

Specialreglements für die einzelnen Institute einer jeden Classe der Gefangenanstalten sind dessen ungeachtet nöthig; indessen müssen diese schlechterdings nichts enthalten, was den in den Hauptreglements festgesetzten Grundsätzen und Vorschriften *zuwider* ist, und mit denselben nicht bestehen kann. Sie müssen vielmehr diese Grundsätze blofs der Localität anpassen. Sie müssen die Zahl der aufzunehmenden Gefangenen; die Zahl der anzustellenden, mehreren oder wenigern Officianten, und die Besoldung derselben bestimmen; die Art der in jedem Institut hauptsächlich zu treibenden Arbeiten angeben; das Detail der Bekleidung, der Beköstigung, der Arbeitsclassen, der Arbeitspensa und des Überverdienstes festsetzen; die der Localität angemessenen näheren Vorschriften wegen Vertheilung und Absonderung der Gefangenen, und eine Menge anderer Details enthalten, welche von der Localität und den individuellen Nebenumständen abhängig sind; mit einem Wort, sie müssen die im Hauptreglement enthaltenen *allgemeinen* Grundsätze localisiren und individualisiren.

Die, einen Theil der Hauptreglements ausmachenden, Instructionen aller Officianten einer jeden Classe der Gefangenanstalten müssen endlich die Pflichten derselben im *Allgemeinen* bestimmen, und besonders dasjenige enthalten, was dieselben ohne Ausnahme zu beobachten und zu leisten haben, wenn der Zweck jeder Classe der Gefangenanstalten erfüllt, Einheit und Gleichheit in denselben erhalten, und alle Willkühr so viel möglich entfernt werden soll.

Die, einen Theil der Specialreglements ausmachenden, Specialinstructionen der Officianten eines jeden einzelnen Instituts müssen hingegen diese Grundsätze auf die Localität, und auf die, wie vorgedacht, durch Nebenumstände näher bestimmte Verfassung und Einrichtung anpassen, und so das Detail der Amtsführung, und die Pflichten eines jeden Officianten, mit möglichster Genauigkeit, näher bestimmen und festsetzen.

XXXI.

Der Arbeitsverdienst der Gefangenen mufs dem Staat aufs genaueste und vollständigste berechnet werden, und es mufs den Gefangenanstalten an den sonst zu ihrer Unterhaltung nöthigen Fonds nicht fehlen.

Nach meiner Meinung wird beinahe zu keinem einzigen öffentlichen und grofsen Institut ein *geringerer* Kostenfond erfordert, als gerade zur Unterhaltung der Gefangenanstalten. Ich setze hierbei zum voraus: dafs die nöthigen Gebäude, Utensilien, Handwerkszeug und Arbeitsgeräthschaften vorhanden sein müssen, und dafs es mithin nur auf Unterhaltung derselben, Salarirung der Officianten und Verpflegung derjenigen Gefangenen ankomme, welche sich aus eigenen Mitteln nicht ernähren können.

Der letztere Gegenstand, die Verpflegung der Gefangenen, ist der wichtigste, und gerade diese kann und muſs dem Staat, bei einer zweckmäſsigen Einrichtung und Verwaltung der Gefangenanstalten, wenig oder nichts kosten. Die meisten Gefangenen sind, wie ich es schon wiederholentlich bemerkt habe, junge rüstige Leute, und es läſst sich also nicht denken, daſs diese, bei irgend einiger Ordnung, nicht so viel verdienen könnten, als zu ihrem, doch nur kümmerlich und kärglich eingerichteten, Unterhalt erfordert wird. Ich bin überzeugt, und die unter andern im Magdeburgischen Zuchthause gemachte Erfahrung bestätigt es, daſs sie, bei irgend einiger Aufsicht und Ordnung, mehr als ihren kärglichen Unterhalt verdienen können. Soll aber dies geschehen, und will man zu einem zweck- und ordnungsmäſsigen Etat über die Kosten der Gefangenanstalten gelangen; so ist nicht nur die sorgfältige Beobachtung des 15ten Grundsatzes nothwendig, sondern man muſs auch den häufig eingeschlichenen Miſsbrauch abstellen: daſs die Officianten der Gefangenanstalten die Gefangenen, entweder ganz unentgeltlich, oder gegen einen sehr geringen, ihnen unmittelbar zu ihrer freien Disposition zugestellten Lohn, zu ihren eigenen Diensten gebrauchen, und sich dadurch, auf Kosten der Anstalt, Vortheile verschaffen, die sie wohl gar als ein ihnen gebührendes Emolument ihrer Posten angesehen wissen wollen. Die Gefangenen müssen vielmehr mit Ordnung zur Arbeit angehalten, und ihr Arbeitsverdienst muſs dem

Staat genaü und vollständig berechnet werden. Er wird in diesem Fall nicht nur zur Unterhaltung der Gefangenen zureichend sein, sondern es wird davon auch noch ein ansehnlicher Theil zur Unterhaltung der Gebäude und Utensilien, und zur Salarirung der Officianten, verwandt werden können. —

Ich gehe indessen, ohne hierauf Rücksicht zu nehmen, von dem Grundsatz aus:

> dafs die Anschaffung und Unterhaltung der Gebäude und Utensilien, und die Salarirung der Officianten, dem Staat ganz zur Last fallen,

und erfordere hauptsächlich insofern einen zureichenden Unterhaltungsfonds. An diesem mufs es indessen auch, wenn zweckmäfsige Einrichtungen statt haben sollen, um so weniger fehlen, als sonst dergleichen nicht gemacht werden können, und man in einzelnen besondern Fällen wohl gar genöthigt ist, die Gefangenen zu bedrücken, und aufs armseligste zu unterhalten, um nur von ihrem Arbeitsverdienst so viel zu ersparen, als zu den anderweitigen dringendsten Bedürfnissen erfordert wird.

XXXII.

Es mufs endlich Einer, mit hinlänglicher Gewalt ausgerüsteten, Behörde die ganze Einrichtung, Regie, Oberaufsicht, Administration und Verwaltung sämmtlicher Gefangenanstalten und ihrer Fonds anvertraut sein.

Dieser letzte aufgestellte Grundsatz ist derjenige, welcher alle übrigen umfaſst, und ohne dessen Beobachtung an eine genaue, vollständige und zweckmäſsige Befolgung der übrigen gar nicht zu denken ist, und solche nie möglich gemacht werden kann.

Es giebt kein einziges Institut des Staats, und ist überall keine menschliche Vereinigung zu irgend einem Zweck denkbar, bei welcher nicht, wenn es anders um Erreichung des Zwecks Ernst ist, irgend eine Direction den Gang des Ganzen, und die Bemühungen der einzelnen Theile, leiten und concentriren muſs.

Eine jede Einrichtung des Staats, welche besondere, für sich bestehende, und weder co- noch subordinirte Zwecke erfüllen soll, muſs also auch *in sich selbst* bestehen, keiner andern Einrichtung des Staats co- und subordinirt, und mit hinlänglicher Macht und Gewalt ausgerüstet sein, um ihren Wirkungscreis *ganz* zu erfüllen.

Bei der Einrichtung und Verwaltung der Gefangenanstalten, deren Zwecke ganz unstreitig von dieser Art sind, ist dies um so nothwendiger, als solche mit so unendlich vielen Details und mit ganz vorzüglichen Schwierigkeiten verbunden ist. Es kömmt dabei nicht bloſs darauf an, irgend einen leblosen Theil der Staatsverwaltung zu formen, zu bilden, in Ordnung zu erhalten, und die zu diesem Zweck angestellten Unterbehörden und einzelnen Officianten zu controlliren und zu leiten. Man hat es vielmehr in den Gefangenanstalten hauptsächlich mit Menschen, und noch dazu in der Regel mit vorzüglich verderbten und boshaften Menschen zu thun, welche unaufhörlich, mit ihren Leidenschaften und bösem Willen, aller Ordnung und Zweckmäſsigkeit entgegen streben, und den Officianten so viele Veranlassung geben, aus Ungeduld, Leidenschaft, Muthlosigkeit und ähnlichen Antrieben, über die Anordnungen der Gesetze hinauszugehen, oder diesseits derselben zurückzubleiben.

Ohne eine sehr genaue und sorgfältige Oberaufsicht und Controlle ist es daher nicht möglich, daſs eine zweckmäſsige Einrichtung der Gefangenanstalten statt habe; daſs die innere Einrichtung der Gefangenanstalten, die Verwaltung ihrer Fonds, und die Behandlung der Verhafteten einer jeden einzelnen Classe derselben, auf ganz gleichen Fuſs regulirt werde; daſs eine vollständige Übersicht des Ganzen und der Datails erhalten, Einheit in die Sache gebracht, Gleichheit und Gerechtigkeit bei den Strafen beobachtet, und ein zweckmäſsiges, von unnützen und schädlichen Weitläuftigkeiten befreites, gröſsere Vervollkommnungen zulassendes Verfahren eingeführt werden könne.

Dies aber kann, wie ein jeder von selbst ermessen wird, einzig und allein nur durch Anordnung Einer allgemeinen Oberbehörde bewirkt werden, der die ganze Leitung des Ganges der Sache anvertraut und überlassen ist.

Denn so lange die Gefangenanstalten in ihrer jetzigen Lage bleiben; so lange keine einzige Behörde weder Pflicht noch Befugniſs hat, sich um *das Ganze* zu bekümmern; so lange die mannichfaltigen und verwickelten Verhältnisse fortdauern, in welchen sie mit so verschiedenen Staatsbehörden stehen, denen sie co- und subordinirt sind; so lange ein jedes Bedürfnifs, und eine jede zu treffende Einrichtung, bald von einer Militair-, bald von einer Civilbehörde, bald von einem Finanz-, bald von einem Justizcollegium abhängt; und so lange beinahe eine jede zweckmäfsige Verfügung von mehr als einer höheren Behörde, die sich unter einander nicht subordinirt sind, genehmigt, und vorher weitläuftig concertirt werden mufs: so lange ist, auch bei dem besten Willen der höhern Behörden, kein anderer Erfolg zu erwarten, als: dafs Schläfrigkeit, Stockung und Aufenthalt in dem Gange der Geschäfte entstehet; dafs keine einzige Oberbehörde ein lebhaftes Interesse an der Einrichtung und Verwaltung der Gefangenanstalten nimmt, keine *allein* dafür responsable ist, keine das Ganze umfafst, übersicht und vor Augen hat, eine jede weniger auf die Zwecke der Gefangenanstalten, als auf die Zwecke, um deren willen sie selbst angeordnet ist, Rücksicht nimmt, und bald diese, bald jene Pflicht und Verbindlichkeit von sich ablehnt, und sie zu den Pflichten und Verbindlichkeiten einer andern Behörde zählt, welche sie gleichfalls dafür nicht anerkennt, so dafs die Gefangenanstalten immer sehr zufrieden sein müssen, wenn das, was zu ihrer kümmerlichen Erhaltung nöthig ist, nur zur Hälfte geschieht.

Ob bei einer solchen Verfassung Ordnung herrschen, Einheit bei der Verwaltung der Gefangenanstalten, und Gleichheit bei der Behandlung der Gefangenen statt haben könne, mag ein jeder von selbst beurtheilen; am wenigsten aber sind *fortdauernde, successive Verbesserungen* der Gefangenanstalten, welche gleichwohl ein wesentliches Bedürfniſs derselben sind, möglich.

Es kann in dieser Lage der Sache überhaupt an Verbesserungen wenig oder gar nicht gedacht werden; *fortdauernde, successive Verbesserungen* der Gefangenanstalten lassen sich aber, wenn auch sonst noch hier und da Verbesserungen derselben bei jener Verfassung möglich wären, schlechterdings nicht in dem Grade denken, in welchem die Gefangenanstalten derselben fähig sind, wenn ihnen eine allgemeine Oberbehörde vorgesetzt ist, auf welche sich die *practischen* Bemühungen der einzelnen Anstalten und der einzelnen Officianten, als auf einen gemeinschaftlichen Brennpunkt, concentriren.

Denn wenn gleich jede menschliche Einrichtung auf allgemeine, richtige und unabänderliche Grundsätze gebaut werden muſs, und sie, wenn dies geschiehet, auch schon bei ihrem Entstehen einen gewissen Grad von Vollkommenheit erreichen kann, den der *bloſse Empiriker* fast immer vergeblich zu erreichen strebt: so führt doch die unendliche Verwickelung der Dinge um uns her oft so mancherlei Modificationen, genauere Bestimmungen und Ausbildungen der Grundsätze herbei, daſs zuweilen der bloſse *Empiriker* wenigstens einigen Nutzen für die Welt stiftet, während der *Philosoph* mit den schönsten Grundsätzen in der Wirklichkeit anstöfst.

So gewifs es aber ist, dafs die nicht durch Erfahrungen ausgebildeten Grundsätze in der Wirklichkeit zu mancherlei scheinbaren Ungereimtheiten und Widersprüchen führen können; eben so gewifs ist es auch, dafs die nicht von Grundsätzen geleitete *Empirie* gar heine vorzügliche Vollkommenheit zuläfst, und ein ewiges Versuchen und Schwanken, Vorschriften geben und Vorschriften zurücknehmen, Befehlen und Verbieten, zur unausbleiblichen Folge hat.

Wo also etwas Vollkommenes geleistet werden soll, da müssen Grundsätze und Erfahrungen mit einander verbunden sein. Die Grundsätze müssen den Erfahrungen *Einheit*, und die Erfahrungen den Grundsätzen *Mannichfaltigkeit* geben; denn Einheit und Mannichfaltigkeit bringen *Ordnung* und *Vollkommenheit* hervor.

Keines von beiden kann bei den Gefangenanstalten erreicht werden, so lange es an einer allgemeinen Oberbehörde derselben fehlt, von welcher den einzelnen Gefangenanstalten einförmige und feste Grundsätze mitgetheilt werden, und in welche wiederum die mannichfaltigen Erfahrungen der einzelnen Anstalten zusammenlaufen und sich concentriren.

Jetzt bleiben die Erfahrungen der einzelnen Anstalten unbenutzt; sie sind in dem engen Creise der Anstalt, in welcher sie gemacht werden, verschlossen, und verfliegen fast immer mit dem Leben derjenigen, welche sie machen. Ist aber eine allgemeine Oberbehörde vorhanden, welcher die zweckmäſsige Einrichtung und Verwaltung der Gefangenanstalten zu ihrem eigentlichen Geschäfte angewiesen ist, welche ein lebhaftes Interesse daran nimmt, die Zwecke der Gefangenanstalten unverrückt vor Augen hat, und mit unablässigem Eifer verfolgt: so ist dies nicht weiter zu befürchten. Man wird und muſs dann die in den einzelnen Gefangenanstalten gemachten Erfahrungen sammlen, sie gehörig prüfen, zusammenstellen, mit und unter einander vergleichen, und so zu Resultaten gelangen, die den Grundsätzen mehr Bestimmtheit und Ausbildung geben, fortdauernde *successive* Verbesserungen der Gefangenanstalten herbeiführen, und sie so endlich auf den Grad der Vollkommenheit bringen, dessen sie fähig sind.

Auch ich rechne hierauf bei meinen im *vierten* Abschnitt dieser Abhandlung zu machenden Vorschlägen, wenn solche je, ganz oder zum Theil, zur Ausführung kommen sollten. Denn wenn ich gleich von der Richtigkeit der Grundsätze, von welchen ich ausgehe, und die ich im *vierten* Abschnitt der Wirklichkeit näher anzupassen suchen werde, aufs lebhafteste überzeugt bin, und nicht fürchte: daſs irgend eine Erfahrung das *Wesentliche* derselben widerlegen werde; so wünsche und hoffe ich doch, daſs die Erfahrung diesen Grundsätzen eine Bestimmtheit, Genauigkeit und weitere Ausbildung geben mag, welche ich ihnen jetzt gleich zu geben mich viel zu schwach fühle, an der es aber gewifs nicht fehlen wird, wenn die Regie, Oberaufsicht und Verwaltung sämmtlicher Gefangenanstalten und ihrer Fonds *Einer* mit hinlänglicher Gewalt ausgerüsteten *Oberbehörde* ausschliefslich übertragen und zur Pflicht gemacht wird.

* * *

Das sind die Haupterfordernisse zweckmäfsig eingerichteter Gefangenanstalten, welche ich, ohne mich an eine strenge systematische Ordnung zu binden, aufzustellen und in Erinnerung zu bringen für nöthig erachtet habe.

Es kann sein, dafs denselben vielleicht noch manche andere hätten beigefügt werden können, einige derselben aber auch in diesem Abschnitt, der nur allgemeine Grundsätze enthalten sollte, gar nicht hätten aufgeführt werden sollen, und dafs man an deren Aufstellung, in Verbindung mit den beiden folgenden Abschnitten, den Preufsischen Staatsbürger erkennt, welcher auch in diesem Abschnitt immer nur den Bedarf seines Vaterlandes vor Augen hatte. —

Ich will mich gegen diesen etwanigen Vorwurf nicht rechtfertigen, sondern nur auf die Bemerkung einschränken: dafs die theoretische Darstellung eines vollständigen Systems nicht mein Zweck war. Ich hätte vielmehr sehr gern alles rein theoretische, welches immer nur einen sehr trockenen Vortrag erlaubt, ganz weggelassen, und würde es sicher gethan haben, wenn es möglich wäre, dergleichen eingeschlichene Mifsbräuche und eingewurzelte irrige Vorstellungen, als wovon hier die Rede ist, auf andere Art aus dem Wege zu räumen, als mit Hülfe einer sich als consequent darstellenden Theorie.

Dritter Abschnitt.

Beschaffenheit und Einrichtung unserer jetzigen Gefangenanstalten.

Ich habè bereits, in dem ersten Theil dieser Schrift, die bisherige schlechte Beschaffenheit und Einrichtung unserer Gefangen- und Strafanstalten als eine *Hauptquelle* der so furchtbar zunehmenden Vermehrung der Verbrecher gegen die Sicherheit des Eigenthums angegeben, den nähern Beweis dieser behaupteten schlechten Beschaffenheit derselben aber auf den gegenwärtigen Abschnitt verspart.

Der Ordnung wegen war dies nothwendig, weil ich zuförderst die Zwecke einer jeden einzelnen Classe von Gefangenanstalten festsetzen, und die aus diesen Zwecken hergeleiteten Haupterfordernisse gehörig eingerichteter Gefangenanstalten angeben mufste, ehe ich mit Vollständigkeit beweisen konnte: dafs unsere Gefangenanstalten sich in einer *höchst* traurigen und schlechten Verfassung befinden.

Jetzt ist dieser Beweis sehr leicht zu führen. Denn mufs man das, was ich in den *beiden vorstehenden* Abschnitten erwiesen habe, als Wahrheit gelten lassen, und besonders die im *zweiten* Abschnitt aus richtigen Grundsätzen hergeleiteten *Haupterfordernisse* zweckmäſsig eingerichteter Gefangenanstalten *dafür* anerkennen: so geben diese einen ganz sichern Maaſsstab ab, nach welchem sich die gute oder schlechte Verfassung einer jeden einzelnen Gefangenanstalt beurtheilen läſst. Eine bloſs historische Bemerkung: ob und in wiefern diese *Haupterfordernisse* in unseren Gefangenanstalten vorhanden sind, oder ob und in wiefern es daran ermangelt, und gegen die Grundsätze verstoſsen wird, aus welchen solche hergeleitet sind, ist nun, ohne alles weitere Raisonnement, hinreichend, um das Urtheil zu begründen: ob unsere Gefangenanstalten gut und zweckmäſsig, oder schlecht und zweckwidrig eingerichtet sind und verwaltet werden. —

Es ist ein nicht zu beneidendes Schicksal, daſs mich das Loos trifft, in einem Staate, der sonst wegen so vieler äuſserst zweckmäſsiger Einrichtungen mit dem vollsten Rechte berühmt ist, gerade diejenigen Einrichtungen prüfen, und die Fehler derselben rügen zu müssen, die gewiſs unter allen am wenigsten zweckmäſsig eingerichtet sind. Es ist indessen einmal mein Beruf, und so lästig er mir auch in diesem Augenblick wird, so muſs ich ihm doch folgen.

Aber ich folge ihm auch, trotz aller seiner Lästigkeit, gern und willig. Ich darf mir schmeicheln, daſs endlich einmal der *in einzelnen Theilen* zwar, nicht aber *im Ganzen* hinlänglich bekannte traurige Zustand unsrer Gefangenanstalten, vollständiger, als bisher noch je geschehen ist, wenn gleich immer noch nicht in seiner ganzen Schrecklichkeit, aufgedeckt werden — dafs er vielleicht selbst zur unmittelbaren Kenntnifs Sr. Majestät gelangen wird. — Und mehr bedarf es nicht. Es ist dann an der Abstellung der Gebrechen unserer Gefangenanstalten nicht weiter zu zweifeln, da es der ganz eigentliche Charakter unserer glücklichen Regierung ist: immer auf mehrere Vollkommenheit und auf ein allgemeines Gutes hinzuwirken. —

Mag dann der *Theoretiker*, welcher in den Feldern der Speculation bewanderter ist, als ich es bin, an den vorstehenden *beiden ersten* Abschnitten, und der *Geschäftsmann*, welcher einen durchdringendern practischen Scharfblick hat, als ich besitze, an dem folgenden *vierten* Abschnitt noch so mancherlei zu erinnern, zu tadeln und dagegen einzuwenden finden! Meine Absicht wird immer erreicht, und meine Pflicht erfüllt sein. —

Es wird dem Staat nie an thätigen, einsichtsvollen, mit theoretischen und practischen Kenntnissen zureichend ausgerüsteten Männern fehlen, welche den Monarchen, bei der zweckmäfsigen Einrichtung der Gefangenanstalten, mit Kraft und Eifer unterstützen werden; und mag dann von meinen Vorschlägen mehr oder minder Gebrauch gemacht, oder mögen sie, durch noch bessere und zweckmäfsigere, ganz verdrängt werden: so bin ich immer hinlänglich belohnt, wenn ich nur so viel gewirkt habe, dafs die Gebrechen der Gefangenanstalten durch mich vollständiger, als je bis jetzt geschehen ist, aufgedeckt sind, und die Überzeugung hervorgebracht ist:

die Lage der Sache sei von der Art, dafs Palliative *zu nichts helfen können, sondern das Übel bei der Wurzel ausgerottet werden müsse.*

Und welches ist denn die *Hauptwurzel* des Übels? — Sie läfst sich leicht nachweisen. Die *Hauptwurzel* des Übels, von der alle einzelne Gebrechen der Gefangenanstalten auslaufen, und ohne deren Ausrottung alles Putzen und Beschneiden einzelner kranker Zweige nie helfen, und nie gegen neue Auswüchse sichern wird, diese *Hauptwurzel* des Übels ist:

die gänzliche Anarchie, welche bei der Direction und Verwaltung der Gefangenanstalten herrscht.

Die Direction und Verwaltung unserer Gefangenanstalten ist unter zu viele Behörden vertheilt. Es fehlt an *Einer* vom Staat dazu auctorisirten höhern Gewalt, welche sich um das *Allgemeine* der Gefangenanstalten bekümmert, das *Ganze* übersieht, und Einheit und Ordnung in die Sache zu bringen im Stande ist. Generaldirectorium, Justizdepartement, Ingenieurdepartement, Criminaldepartement, Generalauditoriat, Festungscommandanten, Regierungen, Cammern, Consistoria, Magisträte, oft einzelne Personen, haben bald bei der einen, bald bei der andern, bald bei einzelnen, bald bei allen zu einer gewissen Classe gehörigen Gefangenanstalten bald in diesem, bald nur in jenem dieselben angehenden Fach, bald gemeinschaftlich, bald einseitig, zu handeln und zu befehlen, wenn es auf irgend eine die Gefangenanstalten betreffende Verfügung ankömmt. Dabei hat die Verbindung so vieler Gefangenanstalten mit Irrenhäusern, Hospitälern, Waisenhäusern und Armenanstalten auch bei uns statt, als wovon ich sogleich Beispiele genug aufstellen werde. Hier ist wieder die Direction und Verwaltung der so combinirten Gefangenanstalten, wenn gleich nicht allenthalben, doch an sehr vielen Orten, den Behörden übertragen, welchen die Administration und Verwaltung der Irrenhäuser, der Hospitäler, der Waisenhäuser und Armenanstalten anvertraut ist, und alle diese verschiedenen Behörden haben beinahe gar keinen andern *Vereinigungspunct*, als den Monarchen selbst. —

Es bedarf keiner Ausführung, dafs, wenn gleich alle diese Behörden *unter dem* Monarchen, als dem gemeinschaftlichen Oberhaupt des ganzen Staats, stehen, dennoch, bei dieser Einrichtung, eine der Sache sehr nachtheilige *Anarchie* bestehen und statt haben kann und mufs.

Es liegt in dem Wesen der Gefangenanstalten, und ist eine von den unendlich vielen, mit den Gefangenanstalten verbundenen Details ganz unzertrennliche Folge: dafs es dabei gar oft auf unbedeutend scheinende Verbesserungen, oder auf Verhütung unbedeutend scheinender Verschlimmerungen ankömmt. Nur selten können dergleichen, nach der jetzigen Verfassung, ohne Concurrenz und Mitwirkung mehrerer Departements zu Stande gebracht werden, und gemeinhin werden sie daher vernachlässigt.

Oft scheint es nicht der Mühe werth zu sein, weitläuftige Correspondenzen darüber zu eröffnen, und geschieht es, so sind nur gar zu oft die Meinungen der verschiedenen Departements, wovon ein jedes die Sache aus seinem eigenen Gesichtspunct betrachtet, getheilt und von einander abweichend. Man kann sich nicht vereinigen, und eben so wenig dazu entschliefsen, dergleichen klein und unbedeutend *scheinende* Dinge, — was sie *einzeln genommen* auch wirklich sind — vor den Thron zu bringen, und die erhabenen, ins Grofse gehenden Beschäftigungen des Monarchen, durch Anfragen über dergleichen Kleinigkeiten, zu stören. —

Selbst wenn man darüber einverstanden ist, dafs ohne Bericht an des Königs Majestät die Sache nicht abgemacht werden kann, entstehen wohl gar darüber Differenzen, welche Behörde den Bericht erstatten soll, ohne dafs man sich deshalb vereinigen kann. — So bleiben denn oft Sachen liegen, und scheinen auch, weil die meisten *einzeln genommen* unbedeutend sind, ohne grofsen Schaden liegen bleiben zu können. Nun aber bleibt heute eine solche Kleinigkeit liegen, und morgen eine zweite, und in einigen Jahren wächst, durch alle diese Kleinigkeiten, eine solche Menge von Mängeln und Gebrechen an, dafs nun freilich, wenn das Übel aufs höchste gestiegen ist, irgend etwas geschehen mufs.

Aber auch selbst in diesen dringenden Fällen ist nur selten eine *schleunige* Hülfe zu erwarten. Gemeinhin haben zuförderst weitläuftige, oft *viele Jahre* hindurch fortgeführte Correspondenzen zwischen den verschiedenen Behörden und Departements statt, und am Ende geschieht doch nur selten das, was geschehen sollte und müfste, um der Sache gründlich zu helfen.

Es giebt Beispiele, dafs Regierungen und Cammern völlig einverstanden waren, dafs ein Gefängnifs, seiner ausgemittelten *abscheulichen* Beschaffenheit wegen, anders angelegt werden müfste, und doch kam erst *nach länger denn zehn Jahren* eine Verbesserung zu Stande, die noch immer sehr unvollständig war. —

Ein jedes Departement thut gerade nur so viel, als es *unumgänglich* thun *mufs*. Es kann und darf dabei auch die Hauptzwecke, die es sonst nach seiner Verfassung zu erfüllen hat, nicht aufser Augen setzen, und kann die Gefangenanstalten selten für etwas anders, als für *Nebensache* ansehen, wofür nur so viel geschiehet, als es die an manchen Orten oft sehr eingeschränkten Fonds erlauben, und die allerdringendsten, schlechterdings unentbehrlichen Bedürfnisse der Gefangenanstalten erfordern. —

Die Klagen hierüber sind laut und allgemein. Ein vorzüglich geachteter und geschätzter Regierungspräsident der ältern Provinzen drückt sich darüber unter andern in einem noch ganz neuerlich erstatteten Bericht, in welchem er die traurige Verfassung der Gefängnisse schildert, in nachstehender Art aus. — „Selbst die Verwendungen eines Königlichen Hochpreislichen Justizdepartements sind bis dahin ohne Erfolg geblieben. „Man entschuldigt mit fehlenden Fonds; man vertröstet, auf wiederholte dringende Klagen und „Aufforderungen, dafs die Gefängnisse nach und „nach für die Zukunft eine bessere Einrichtung erhalten sollen. Allein es wird zu wenig dazu gethan, um solche in Wirklichkeit zu setzen, und „die Zukunft ist zu weit aussehend, alle Gefangenanstalten so einzurichten und zu verbessern, wie „solches selbst die verwahrlosete, strafwürdige „Menschheit zu fordern ein Recht hat." — Ich mufs ihm völlig beistimmen, wenn er noch hinzusetzt: — „So lange nicht die Aufsicht über *alle* „Straf- und Gefangenanstalten *einer einzigen Hauptbehörde* unterworfen wird; so lange diese nicht „das Vermögen hat, alles, was sie zur bessern Einrichtung und Verwaltung derselben auszuführen „für gut findet, in Wirklichkeit zu setzen; so lange ihr selbst nicht dazu die nöthigen Fonds angewiesen und anvertrauet sind; so lange *zwei* und „*mehrere*, einander nicht untergeordnete Behörden „die Aufsicht haben; eine davon den Wunsch und „Vorschläge hat, die möglichst beste Einrichtung „zu treffen, die andere aber den Fond besitzt, um „diese Pläne in Wirklichkeit zu setzen; so lange „werden die besten Absichten bei Straf- und Gefangenanstalten unerreichbar, die zweckmäfsigsten

„Vorschläge und heilsamsten Pläne unausführbar „bleiben.“ —

Dies Zeugniſs mag zur Bestätigung jener Wahrheiten genug sein. Ich enthalte mich, aus mehr als Einem Grunde, sie auch noch durch namentliche Beispiele zu bestätigen, muſs aber die pflichtmäſsige Versicherung hinzufügen: daſs es daran nicht fehlt, und daſs jene Wahrheiten, wenn es erfordert wird, auch mit sehr auffallenden Beispielen ganz vollständig belegt werden können; so wie ich denn auch, im weiteren Fortgange dieses Abschnitts, noch Übelstände genug erwähnen werde, bei denen es, ohne einer weiteren Erinnerung zu bedürfen, von selbst in die Augen fällt, daſs sie nur durch eine solche anarchische Verfassung hervorgebracht werden konnten. —

Wenn nun aber unsere Gefangenanstalten, durch eine lange Reihe von Jahren, in dieser Art, und so stiefmütterlich behandelt wurden: ist es dann Wunder, daſs sie endlich zu dem Zustande herabgesunken sind, in welchem wir sie jetzt erblicken? kann es dann befremdend sein, wenn fast keine einzige Gefangenanstalt gefunden wird, von der man sagen könnte, daſs sie irgend zweckmäſsig eingerichtet sei? oder ist nicht vielmehr zu erwarten, was wirklich der Fall ist: daſs unter allen im vorstehenden Abschnitt aufgestellten Grundsätzen *kein einziger* ist, gegen den nicht in den *meisten* Gefangenanstalten verstoſsen würde, und daſs die *meisten* jener Grundsätze in *sämmtlichen* Gefangenanstalten vernachlässigt werden?

Ich gestehe es gern zu, diese Beschuldigung ist *hart;* aber sie ist *gegründet.* Die von mir angestellten Untersuchungen und erforderten Berichte beweisen und bestätigen sie aufs vollständigste, und doch kann niemand mehr, als ich selbst überzeugt sein, wie *unvollständig* das Resultat aller meiner noch so mühsamen und sorgfältigen Nachforschungen sein mag; wie wenig das, was ich erfahren habe, und womit, auf die von mir vorgelegten sehr bestimmten Anfragen, nicht zurückgehalten werden konnte, gegen das sein mag, was in den Mauern einzelner Gefangenanstalten für mich undurchdringlich geblieben ist! — —

Die meisten unserer Strafanstalten sind *nicht für sich bestehende Anstalten.* Sie sind fast überall mit Armenanstalten, mit Waisenhäusern, Hospitälern und Irrenhäusern verbunden. Dies ist unter andern der Fall bei dem Zuchthause zu Halberstadt, zu Tapiau, zu Rössel, zu Halle, zu Jauer, zu Stettin, zu Stargard, zu Wesel, zu Schwabach und zu Bayreuth, und haben daher in allen diesen Anstalten, so wie in fast allen in gleicher Verbindung stehenden Arbeits - oder sogenannten Policeizuchthäusern, die bei dem 1sten Satz des *zweiten* Abschnitts bemerkten Inconvenienzen statt.

Aufserdem sind die verschiedenen einzelnen Classen der Gefangenanstalten fast durchgehends combinirt. Es werden in den Strafgefängnissen nicht blofs wirkliche Criminalverbrecher bestraft, sondern sie dienen hier und da auch, wie das

Zuchthaus zu Wesel und die Festung Memel, zu Aufbewahrungsgefängnissen; wohingegen in den Aufbewahrungsgefängnissen oft Criminalverbrecher bestraft, und bürgerliche Strafen vollzogen werden.

Ich will indessen dies um so weniger rügen, als es uns einestheils zur Zeit noch an wirklichen Besserungsanstalten fehlt, und es anderntheils, bei den jetzigen bekannten häufigen und schrecklichen Verführungen in den Strafanstalten, gar oft bedenklich ist, erkannte Criminalstrafen darinn vollziehen zu lassen; so wie ich es denn auch überhaupt, nach meiner Ausführung bei dem 2ten Satz des vorstehenden Abschnitts, nicht ganz tadeln kann, wenn, unter Beobachtung der nöthigen Vorsichten, Aufbewahrungs- und bürgerliche Strafgefängnisse mit einander verbunden sind.

Dagegen ist der Vorwurf erheblicher, welcher gleichfalls unsere Gefangenanstalten trifft: daſs sie nemlich zum Theil *zu klein* angelegt, und der Zahl nach *zu sehr vervielfältigt* sind.

Es trifft dieser Vorwurf nicht bloſs die *Aufbewahrungsgefängnisse*, welche davon nur durch Anlegung gemeinschaftlicher Inquisitoriate befreit werden können, ob es gleich in Schlesien, bei den dort wirklich schon etablirten Inquisitoriaten, nicht zureichend geschehen ist; sondern auch viele unserer *Strafanstalten* trifft eben dieser Vorwurf.

Das Zuchthaus zu Frankfurt an der Oder kann nur 30 Gefangene aufbewahren; Herford ist ursprünglich auf 20, in der Folge auf 40 Personen eingerichtet; Emden faſst 30 bis 40, und

Halle sowohl als Halberstadt können gleichfalls nur etwa 40 Züchtlinge aufnehmen. —

Was nützen in Pommern *drei* Zuchthäuser, zu Stettin, zu Stargard und zu Colberg? Das erstere faſst etwa 32 Personen, das zweite mit Überladung 40 bis 50, und das dritte nur höchstens 22 Personen. Jetzt hat kein einziges dieser drei Zuchthäuser Fond und Auskommen, und in allen fehlt es an den nöthigen Officianten. Machten sie alle drei *Eine* Anstalt aus, so würden die Gefangenen, durch ihren Arbeitsverdienst, zureichend unterhalten werden können, und die jetzt bei denselben angestellten unzureichenden Officianten wären nicht einmal erforderlich; aller sonstigen bei dem 3ten Satz des vorstehenden Abschnitts gedachten Vortheile und Vorzüge gröſserer Gefangenanstalten zu geschweigen. —

Wenn man indessen auch noch hierüber hinwegsehen wollte, so ist und bleibt es doch ein unverzeihlicher Hauptfehler unserer Gefangenanstalten: daſs sie dem ihnen sämmtlich gemeinschaftlichen Zweck der *sichern Aufbewahrung* nicht entsprechen.

Im Ganzen ist hieran mehr der Mangel an Aufsicht, als die Beschaffenheit der Gefängnisse selbst Schuld; wenigstens ist dies in Ansehung der meisten *Strafanstalten* der Fall.

Denn wenn gleich einige derselben, wie zum Beispiel die Zuchthäuser zu Stargard und Herford, vermöge der Lage und Beschaffenheit ihrer Gebäude, dem Zweck der sichern Aufbewahrung nicht entsprechen, so trifft doch nur wenige unserer Strafanstalten dieser Vorwurf, von welchem man leider! unsere Aufbewahrungsgefängnisse in der Regel um so weniger freisprechen kann, da selbst den gröſseren Aufbewahrungsanstalten dieser Vorwurf gemacht werden muſs.

In den meisten gröſseren Inquisitoriaten werden wenigstens darüber Klagen geführt, an deren Erheblichkeit man um so weniger zweifeln kann, als es bekannt genug ist, daſs die erst vor wenigen Jahren ganz neu angelegte hiesige Stadtvoigtei, auſser anderen Fehlern der Anlage, auch in Rücksicht der Festigkeit und der sichern Aufbewahrung der Verbrecher, nicht zweckmäſsig angelegt war. —

Der Mangel an den erforderlichen, hinlänglich besoldeten Aufsehern, Wächtern und sonstigen Officianten drückt dagegen beinahe alle unsere Gefangenanstalten ohne Ausnahme, und eben dadurch wird der Zweck der sichern Aufbewahrung *hauptsächlich* vereitelt.

Im Zuchthause zu Herford, wo nach einem zwölfjährigen Durchschnitt jährlich 41, in einzelnen Jahren aber bis 60 Gefangene gesessen haben, ist, auſser dem gar nicht zu rechnenden Inspector, welcher zugleich Stadtdirector ist, und nicht im Hause wohnt, nur ein Zuchtmeister, ein Zuchtknecht und eine Krankenwärterinn angestellt.

Das Zuchthaus zu Magdeburg, wo oft 80 bis 90 Verbrecher zu gleicher Zeit gesessen haben, muſs sich mit einem Hausvater, einem Zucht- und einem Spinnmeister behelfen.

Im Zuchthause zu Stargard werden für 40 bis 50 Gefangene ein Inspector, der gleichfalls ein Mitglied des Magistrats ist und nicht im Hause wohnt, und ein Zuchtmeister gehalten, und in Stettin behilft man sich, so wie zu Colberg, mit einem einzigen Zucht- und Werkmeister, der am letzteren Orte immer ein seine Profession treibender Meister des Rasch- und Zeugmachergewerks ist, um die Gefangenen mit Arbeit versehen zu können.

Das Zuchthaus zu Königsberg in Preufsen, welches beinahe *drittehalbhundert* Gefangene aufnehmen kann, hat keine anderen Hausofficianten, als einen Inspector, einen Zuchthausschreiber, einen Nachtwächter und einen Thorwächter, der zugleich Schliefser ist.

Im Zuchthause zu Rössel, welches auf 150 Personen angelegt ist, mufs man sich mit einem Inspector, mit einem Zucht- und Werkmeister, mit zwei Stockknechten und einem Thorwächter behelfen.

Selbst dem erst vor wenigen Jahren neu angelegten Institut zu Tapiau, welches jetzt ein Mittelding zwischen Zuchthaus und Besserungsanstalt ist, *eigentlich aber als Besserungsanstalt hätte eingerichtet werden sollen*, fehlt es an den zu einer zweckmäfsigen Aufsicht erforderlichen Officianten und Aufsehern, obgleich besser als an andern Orten dafür gesorgt ist. Es ist auf 400 Züchtlinge fundirt, und gleichwohl hat es nicht mehr als einen Ober- und einen Unterinspector, einen Oeconomen, zwei

Werkmeister, drei Aufseher, einen Krankenwärter, einen Boten, einen Ofenheizer, zwei Nachtwächter und einen Thorwächter.

Wie ist es möglich, dafs, bei einem so schwachen Personale an Officianten, gehörige Aufsicht statt haben, Ordnung und Reinlichkeit erhalten, und die Straf- und Besserungszwecke erreicht werden können? Es läfst sich solches in der That nicht denken, und doch leiden *fast alle unsere Strafanstalten* diesen drückenden Mangel an Officianten. —

In den *Aufbewahrungsgefängnissen* sieht es nicht besser aus; der Mangel an zureichenden und tüchtigen Officianten, und an der davon abhangenden Aufsicht, ist darinn noch gröfser.

Der *kleinern* Aufbewahrungsgefängnisse will ich gar nicht erwähnen. Ihren Mängeln und Gebrechen kann, wie gesagt, nur durch Anlegung zweckmäfsiger Inquisitoriate abgeholfen werden; aber auch die schon wirklich vorhandenen *gröfsern* Aufbewahrungsgefängnisse trifft dieser Vorwurf.

Die Frohnveste zu Breslau, in welcher gewöhnlich 60, 70 auch wohl 80 Gefangene aufbewahrt werden, mufs sich mit einem Pförtner und einem Zuchtmeister behelfen, und bei den übrigen Schlesischen Frohnvesten, worinn gewöhnlich gegen 30 Gefangene verhaftet sind, ist nach den Berichten des Generalfiscals Berger nur ein einziger Aufseher angestellt. Selbst die Frohnveste zu Cosel, wo sich gewöhnlich 60 bis 70 Gefangene befinden, welche dort ohne alle Arbeit und Beschäftigung sitzen, hat nur einen einzigen Aufseher, der mit den Gefangenen nicht einmal in einem Stockwerke, sondern für sich in einer obern Etage wohnt. —

Man kann sich indessen in der That nicht wundern, dafs es so in den gröfseren Aufbewahrungsgefängnissen entfernter Provinzen aussicht, da selbst die erst vor wenigen Jahren allhier neu angelegte Stadtvoigtei diesen drückenden Mangel an Officianten gleichfalls empfindet. Im Durchschnitt werden darinn 150 bis 200 Gefangene aufbewahrt, deren Aufsicht, Wartung und Pflege einem Inspector, zwei Gefangenwärtern, einem Thürsteher, einem Hausknecht, einem Nachtwächter und einem Werkmeister anvertraut ist. Im Grunde heifst dies nichts anders, als dafs *zwei Gefangenwärter* über 150 bis 200 Gefangene bei Tage die Aufsicht führen, und sie beobachten sollen; denn alle übrige eben genannte Officianten haben, vermöge ihrer anderweitigen Geschäfte, weder Zeit noch Beruf dazu, und können sich damit eben so wenig abgeben, als die zu den Insinuationen und Transporten der Gefangenen noch aufserdem angestellten zwei Criminalboten. —

Selbst da also, wo noch die Zahl der Officianten beim ersten Anblick erheblich genug zu sein scheint, steht sie mit der Gröfse der Anstalt und der Zahl der Gefangenen ganz aufser Verhältnifs.

Ich habe dies schon bei Tapiau bemerkt, und auch bei Brieg, und in andern grofsen Gefangenanstalten ist es eben so wie in der hiesigen Stadtvoigtei der Fall. —

Wo *Ein* Zuchtmeister, so wie im Briegschen Zuchthause, täglich *drei*, oder noch mehr Arbeitsstuben zu gleicher Zeit respiciren soll, kann eine gehörige Aufsicht, und ein zweckmäfsiges Anhalten der Gefangenen zur Arbeit, Ordnung und äussern Ehrbarkeit, schlechterdings nicht statt haben. —

Am allerwenigsten ist dies in unseren Gefangenanstalten zu erwarten, wo die meisten Officianten so schlecht und elend salarirt sind, dafs sie von ihren Diensten schlechterdings nicht leben können, und wo also oft, bei der Auswahl derselben, mit so weniger Behutsamkeit zu Werke gegangen werden kann.

In der Regel sind die Besoldungen dieser Officianten *unter* dem mittelmäfsigen; man kann dafür keine gute, blofs für ihr Amt lebende, Officianten erwarten.

Der Zuchtmeister zu Stettin erhält unter andern, aufser der freien Wohnung, *wöchentlich* einen Thaler, und für die Aufnahme eines Züchtlings 16 Gr., die aber, wegen Armuth der Züchtlinge, gewöhnlich ausfallen.

Der Zuchthausinspector zu Stargard bezieht ein *jährliches* Gehalt von 65 Rthlr. 12 Gr., und der Zuchtmeister wird, wie ein ordinairer Dienstbote, *jährlich* für 36 bis 40 Rthlr. gemiethet.

Der Zuchthausinspector zu Herford hat eine *jährliche* Besoldung von 50 Rthlr., der Zuchtmeister aber, aufser der freien Wohnung und 36 Rthlr. zur Unterhaltung einer Magd, *monatlich* 6 Rthlr.;

der Zuchtknecht mufs sich *monatlich* mit 4 Rthlr. begnügen.

Der Hausvater des Zuchthauses zu Halle ist nicht besser besoldet. Er erhält *monatlich* 6 Rthlr., der Zuchtknecht und der Spinnmeister aber *wöchentlich* 1 Rthlr., und der Thorschliefser *jährlich* 39 Rthlr.

Im Zuchthause zu Colberg ist endlich dem in einer Person verbundenen Zucht- und Werkmeister gar keiue fixirte Besoldung angewiesen. Jeder Züchtling, der so viel Vermögen hat, soll dem Werk- und Zuchtmeister, bei seinem Eintritt in das Zuchthaus, *einen Thaler* zahlen. Die wenigsten können das, und der Zuchtmeister mufs sich also fast lediglich mit der freien Wohnung begnügen, und sich übrigens, weil obengedachtermafsen ein Rasch- und Zeugmachermeister dazu gewählt wird, von seiner Profession ernähren. —

Aber auch in denjenigen Gefangenanstalten, in welchen die Officianten etwas besser besoldet werden, sind sie doch fast nirgends so gesetzt, dafs sie von ihren Diensten leben, und sich denselben ganz widmen können. Sie sind fast überall genöthigt, sich, mit Vernachlässigung ihrer Amtspflichten, ihren Unterhalt auf andere Art zu erwerben, und man kann es, ohne die schreiendste Unbilligkeit, nicht fordern, dafs sie blofs für ihre Dienste leben sollen.

Die Cameral- und Justizbehörden selbst sind vielmehr zum öftern gezwungen, sie auf eine ganz zweckwidrige Art zu andern Geschäften zu gebrauchen, um ihnen nur Gelegenheit zu einem ehrlichen Fortkommen zu verschaffen.

So ist unter andern der einzige sogenannte *Custodieninspector* zu Stettin zugleich *Nuntius* des Waisenhauses, und kann sich, wegen dieses letzteren Amtes, täglich nur ungefähr *Eine Stunde* in den Gebäuden der Gefängnisse aufhalten; der vorige Stockmeister zu Gleiwitz aber war zugleich Abdecker und Markthelfer oder Stadtwachtmeister. —

An eine zweckmäfsige Auswahl der Officianten kann, unter diesen Umständen, schlechterdings nicht gedacht werden. Nur gar zu oft werden daher höchst unmoralische Menschen als Aufseher und Officianten in den Gefangenanstalten angestellt. Gemeinhin sind es die ersten die besten invalide gewordenen Soldaten, die man sonst zu nichts brauchen kann, die kein anderes Unterkommen finden können, und die sich nur aus Noth und Verlegenheit entschliefsen, einen solchen Posten anzunehmen. Nicht selten sind dergleichen Leute, schon bei dem Antritte des Dienstes, auch in Rücksicht ihrer physischen Kräfte, für die Gefangenanstalten invalide und unbrauchbar. Um so weniger kann und wird also daran gedacht, die in den Gefangenanstalten selbst invalide gewordenen Officianten, welche ihren Diensten nicht mehr vorstehen können, und die ihnen in selbigen obliegenden Pflichten schlechterdings nicht weiter zu erfüllen im Stande sind, anderweitig zu versorgen und unterzubringen.

Der jetzige Stockmeister zu Schweidnitz,

ein sehr braver Mann, der lange rechtschaffen als Soldat gedient, und auch seinem jetzigen Posten gehörig vorgestanden hat, seit einiger Zeit aber so schwach und invalide geworden ist, daſs er es nicht weiter thun kann, und sogar schon das Schicksal gehabt hat, daſs Gefangene ihn überwältigt, gebunden, den Schlüssel vom Gefängniſs ihm abgenommen, und sich so in Freiheit gesetzt haben, muſs dessen ungeachtet auf seinem Posten bleiben, und kann nicht anderweitig versorgt und untergebracht werden. —

Dienste, wozu, der Natur der Sache nach, junge und rüstige Leute erfordert werden, sieht man daher in den Gefangenanstalten mit alten, schwachen und abgelebten Greisen besetzt, von welchen man ohne Unbilligkeit nichts fordern kann, und die zum Theil, wie unter andern der Stockmeister zu Brieg, weder lesen noch schreiben können.

Ihre Dienstvernachlässigungen können, wenn sie auch zur Kenntniſs der höhern Behörden gelangen, kaum gerügt und bestraft werden, und das um so weniger, als, bei so beschwerlichen und kärglich dotirten Diensten, *Cassation* nur selten eine irgend empfindliche Strafe ist, dergleichen Untersuchungen und Bestrafungen auch, in vielen Fällen, von mehreren Behörden abhangen, mithin erst durch weitläuftige Correspondenzen derselben concertirt und eingeleitet werden müssen.

Ausserdem sind *diese* Officianten nun auch noch fast ganz ohne Aufsicht und Controlle. Verwaltungscommissionen, oder vielmehr nur etwas dem ähnliches, kennt man fast nirgends, selbst nicht in unseren gröſseren Gefangenanstalten. —

Da wo man entfernt ähnliche Etablissements vorfindet, ist der Nutzen derselben unverkennbar. Die Zuchthäuser Magdeburg und Halle zeichnen sich dadurch aus, und gehören unstreitig zu unseren am besten und zweckmäſsigsten eingerichteten Strafanstalten; in fast allen übrigen Gefangenanstalten aber sind die schon vorher geschilderten Unterbedienten einer solchen, den Verwaltungscommissionen ähnlichen, Aufsicht nicht untergeordnet, sondern beinahe ganz ohne Aufsicht.

Das für den Staat und die öffentliche Sicherheit so höchst gefährliche häufige Entweichen der Gefangenen ist von dem allen eine unzertrennliche Folge, und hat daher auch in fast allen unseren Gefangenanstalten, der darinn noch üblichen Ketten und Banden, und der neuerlich auf das Entweichen gesetzten harten Strafen ungeachtet, auf eine schreckliche Art überhand genommen.

Ich habe schon im ersten Theil dieser Schrift bemerkt, daſs in einem einzigen Jahr 346 Verbrecher aus unseren Gefangenanstalten entflohen sind, deren Entweichen zur Wissenschaft des Criminaldepartements gelangt ist. Ich bin sehr überzeugt, daſs sich auſserdem noch viele durch die Flucht gerettet haben, ohne daſs das Criminaldepartement davon unterrichtet worden ist, und doch stehet schon diese ihm bekannt gewordene Zahl der Entwichenen mit der Zahl der Gefangenen in den gesammten Strafanstalten ganz außer Verhältniß. —

Was nützen Criminaluntersuchungen und Straferkenntnisse, wenn letztere am Ende doch nicht vollzogen werden, und selbst den verworfensten und gefährlichsten Bösewichtern, *durch Mangel an Aufsicht*, zum Entfliehen Gelegenheit gegeben wird? Das ist aber wirklich unser Fall; denn das Übel des Entweichens hat selbst in den Festungen, wo man es am wenigsten erwarten sollte, auf eine höchst gefährliche Art überhand genommen.

Aus Cosel entflohen unter andern im Jahr 1800 *drei* Hauptverbrecher, wovon zwei zu 12-, und einer zu 20jähriger Gefangenschaft verurtheilt waren. Eben dies war auch im Jahr 1799 mit *fünf* Hauptverbrechern in Schweidnitz der Fall, wovon einer 20-, ein anderer aber 18jährige Gefangenschaft dulden sollte. Aus Glatz entwich um eben die Zeit ein höchst gefährlicher, zu 20jähriger Gefangenschaft verurtheilter Verbrecher, und aus Wesel entflohen *beinahe alle Complicen* der bekannten, im ersten Theil dieser Schrift erwähnten, höchst gefährlichen Dillenburgschen Räuberbande, welche größtentheils zu lebenswieriger Festungstrafe verurtheilt waren. In dem jetzt laufenden Jahr 1801 entwichen von dort wieder *vier* gefährliche Verbrecher, und aus Clarenburg entsprangen im vorigen Jahr, in Einer Nacht, *zwölf* Arrestanten mittelst gewaltsamen Durchbruchs. —

In vielen Zuchthäusern und Inquisitoriaten gehet es nicht besser zu. Nach einem Berichte vom 22sten November 1800 waren unter andern aus dem Warschauschen Zuchthause, seit dem 24ften Juni 1798, nicht weniger als 35 Gefangene entkommen. Aus dem Settinschen Zuchthause befreiten sich am 25ften Juli 1800 *drei* berüchtigte Diebe mittelst Durcharbeitung unter dem Fundamente, und eben dies war auch im Jahr 1799 der Fall mit *sechs* Verbrechern im Zuchthause zu Bayreuth.

Aus der Frohnveste zu Brieg entwichen im Jahr 1800 *drei* der unternehmendsten Bösewichter, aus Gleiwitz aber in einer einzigen Nacht *alle Gefangene* bis auf einen einzigen, und unter denselben einer, welcher bereits zum Rade verurtheilt war. —

Wenn dieses in Festungen, Zuchthäusern und Inquisitoriaten geschehen kann, so darf man sich freilich nicht wundern, wenn in den kleineren, noch gar nicht organisirten Aufbewahrungsgefängnissen ähnliche Dinge vorfallen. Ich will hier nur, wegen der besondern Gefährlichkeit, eines ganz vor kurzem eingetretenen Falls erwähnen, dafs nemlich im Februar des laufenden Jahrs 1801 zwei äufserst gefährliche, und schon zum Rade von unten herauf verurtheilte Raubmörder aus dem Saganschen Gefängnifs ausgebrochen, und wirklich entkommen sind. —

Nach allen ausgemittelten Umständen ist es klar und unbedenklich, dafs an diesem häufigen, der allgemeinen Sicherheit so höchst gefährlichen Entweichen der Verbrecher der Mangel an Aufsicht und die Nachlässigkeit der Officianten fast lediglich Schuld ist.

Die Frohnveste zu Gleiwitz bestätiget allein schon diese Wahrheit. Sie zeichnete sich, nach dem, was ich schon oben gesagt habe, durch eine vorzüglich schlechte Aufsicht aus, und verdient eben diese Auszeichnung in Rücksicht des dort ganz vorzüglich gefährlichen Entweichens der Verbrecher. —

Es ist in der That kein Wunder, dafs unter diesen Umständen die Zahl der Verbrecher gegen die Sicherheit des Eigenthums fast täglich zunimmt, und der um die Schlesischen Gefangenanstalten sehr verdiente Generalfiscal Berger hat Recht, wenn er in einem seiner erstatteten Berichte sagt: — „seit ein paar Jahren sind eine Menge der abge„feimtesten und gefährlichsten Räuber und Diebe „aus den Festungen, aus den öffentlichen Frohn„vesten und aus Privatgefängnissen entflohen. „Diese Menschen haben sich zum Theil in Banden „formirt, eine Menge Einbrüche gemacht, den „Landmann in Furcht und Schrecken gesetzt, und „selbst die Königlichen und Depositalcassen sind „nicht verschont geblieben.“ — Ich stimme demselben völlig bei, zumal auch bei den *Transporten* der Gefangenen, aus einer Gefangenanstalt in die andere, mit gleicher Fahrlässigkeit verfahren wird, und es beinahe unglaublich ist, welche Menge von Verbrechern bei dieser Gelegenheit entfliehen.

Blofs von den aus dem Inquisitoriat zu Warschau vom October 1797 bis dahin 1800 zu den

Festungen abgelieferten Verbrechern sind der Zahl nach *ein und zwanzig* auf dem Transport entsprungen, und unter diesen ein und zwanzig haben mehrere *zweimal*, und einer sogar *dreimal* dieses Entspringen möglich zu machen gewufst. —

Wenn ich gleich die Zahl der sonst auf dem Transport aus anderen Inquisitoriaten entwichenen Verbrecher nicht genau angeben kann, weil die höheren Behörden, nach der jetzigen Verfassung, das Entfliehen der Verbrecher auf den Transporten nur selten in Erfahrung bringen, so ist sie doch sicher verhältnifsmäfsig nicht geringer. Man verfährt dabei fast überall mit gleicher Fahrlässigkeit. — Das Entspringen des berüchtigten Berlinschen Schneidermeisters Hardt ist unter andern bekannt genug. — —

An bestimmten Vorschriften, *in welcher Classe von Gefangenanstalten* die einzelnen Verbrecher aufbewahrt und bestraft werden sollen, und nach welchen Grundsätzen *bei der Annahme* derselben zu verfahren sei, fehlt es uns gänzlich.

Alle daraus folgende, schon im vorstehenden Abschnitt bei dem 7ten, 8ten und 9ten Satz gerügte Mängel und Gebrechen der Gefangenanstalten drücken die unsrigen.

Zuförderst fehlt es an Vorschriften und Grundsäten, in welcher Classe der *Strafanstalten* ein jeder Verbrecher bestraft werden soll. Die Gesetze enthalten darüber nichts bestimmtes, wie ich schon im ersten Theil dieser Schrift bemerkt habe. Festungs-, Zuchthaus- und bürgerliche Gefängnifsstrafen werden darinn nicht gehörig von einander unterschieden. Es hängt fast lediglich von der Willkühr der Richter ab, auf welche Art von Gefängnifsstrafe sie erkennen wollen.

So wird es zu einem wahren Spiel des Zufalls gemacht, ob jetzt einmal die Festungen überschwemmt und die Zuchthäuser geschont, jetzt aber wieder umgekehrt die letzteren überladen, und die ersteren mehr in Ruhe gelassen werden. Schon öfter als einmal sind die höheren Behörden, bei der solchergestalt erfolgten Überladung einer Classe von Gefangenanstalten, genöthigt gewesen, die Gerichtshöfe anzuweisen, vor der Hand, und bis auf weitere Verfügung, entweder mehr auf Zuchthaus- als auf Festungsstrafe, oder umgekehrt zu erkennen.

Gleichheit bei Bestimmung der Strafen ist unter diesen Umständen nicht möglich, und das aus dieser Verfahrungsart von selbst folgende, höchst nachtheilige *Übersetzen* der Gefangenanstalten ist unvermeidlich. —

Aber auch noch auf andere Art wird dies nachtheilige und schädliche *Übersetzen* einzelner Gefangenanstalten bei uns veranlafst.

Nach der jetzigen Verfassung der meisten unserer Zuchthäuser können Sträflinge einer Provinz nicht in dem Zuchthause einer andern Provinz untergebracht werden, und wenn also auch in dem Zuchthause einer Provinz noch Raum genug vorhanden ist, während dafs es in dem Zuchthause einer andern Provinz gänzlich daran fehlt, so müssen doch alle Verbrecher dieser Provinz in das schon übersetzte Zuchthaus gebracht werden.

Oft kömmt indessen auch das Übersetzen einzelner Strafanstalten nicht einmal zur Kenntniſs der höheren Behörden, indem die Vorsteher der Strafanstalten, bei der Annahme der Verbrecher, beinahe ganz willkührlich zu Werke gehen, und dabei fast in einer jeden Strafanstalt nach *verschiedenen* Grundsätzen verfahren wird.

Die Festungscommandanten nehmen, auſser den Vagabonden und Bettlern, keine Gefangene ohne Allerhöchsten Befehl an. Verschiedene Zuchthäuser erfordern dergleichen, wenn es auf Vollstreckung *zehn-* und *mehrjähriger* Strafen ankömmt; andere aber erwarten dazu nicht einmal den Befehl des Justizministeriums oder der höheren Behörden, sondern begnügen sich mit den Requisitionen der Landesjustizcollegien und zum Theil auch der Untergerichte. Einige nehmen in den Fällen, in welchen die Dauer der Strafe unter 10 Jahren bestimmt ist, die Verbrecher ohne Ausnahme, bald auf Befehl der Obergerichte, bald auf Requisition der Ober- und Untergerichte, der Policeibehörden, der Magisträte und so weiter, an; andere aber erfordern auch in diesen Fällen bestimmte Annahmeordren der Oberbehörden.

Mit einem Wort, es herrscht hierunter die gröſste Unbestimmtheit und eine Willkühr, die vielleicht weiter führen, und von gröſseren Folgen sein mag, als man es denkt. —

Die Stadtgerichte zu Frankfurt an der

Oder liefern darüber ein sehr merkwürdiges Beispiel.

Nach einer Anzeige des Cammergerichts von Jahr 1789, maafsten sie sich das Recht an, ihre gefällten Criminalerkenntnisse, selbst dann, wann sie auf *Staupenschlag* und *lebenswierige* Zuchthausstrafe gerichtet waren, *ohne höhere Bestätigung* zu publiciren, und die Verbrecher, wenn sie sich dabei beruhigten, ohne weitere Umstände in das dortige Zuchthaus einsperren zu lassen. — Aber auch selbst hierbei blieben sie nicht stehen. Man gieng noch weiter, und nahm Leute aus allen, ja sogar aus auswärtigen Jurisdictionen, im Zuchthause an, so bald nur, aufser den nöthigen Kleidungsstücken, 12 Rthlr. Receptionsgelder erlegt wurden, ohne sich darum zu bekümmern; ob diese Leute wirklich eine Übelthat verübt hatten, und durch Urthel und Recht zu einer Zuchthausstrafe verurtheilt waren oder nicht. —

Es entstanden hieraus die gröbsten, vom Cammergericht in dessen Bericht zum Theil angeführten Illegalitäten. — Ein unschuldiger, oder wenigstens gar keines Verbrechens überführter Jude, welcher zuletzt einen Selbstmord attentirte, mufste so unter andern *zwölf volle Jahre* in diesem Zuchthause schmachten. — —

Man glaube also doch ja nicht, dafs die von mir gefürchteten Mifsbräuche aus dem willkührlichen Verfahren der Vorsteher der Zuchthäuser bei der Annahme der Gefangenen nur blofs *möglich* sind. Nein! sie haben, wie dies Beispiel beweiset, schon wirklich statt gehabt, und haben, hier und da, nur nicht in so hohem Grade, *vielleicht* noch jetzt wirklich statt; aber nur höchst selten gelangen sie zur Kenntnifs der höheren Behörden. —

Zum Theil haben sich diese Mifsbräuche gegen die klaren Vorschriften der Gesetze eingeschlichen, und zum Theil sind sie auch durch die Unbestimmtheit der gesetzlichen Vorschriften entstanden.

Denn schon durch das Edict vom 12ten Juli 1732 ward festgesetzt:

> dafs, bei jeder Aufnahme eines Verbrechers in Festungen, eine Ordre an den Festungscommandanten, bei des Königs Majestät, nachgesucht werden sollte.

Und obgleich in dem §. 8 eben dieses Edicts nachgelassen wurde:

> dafs die Verbrecher in den Zucht-, Spinn- und Arbeitshäusern auf blofse Requisition der Jurisdictionsinhaber angenommen werden könnten,

so ward dies doch schon, durch das Edict vom 30sten September 1737, abgeändert und darinn verordnet:

> dafs hinführo keine Inquisiten, von den Inspectoren und Aufsehern der Zucht-, Spinn- und Arbeitshäuser, auf blofse Requisitionen der Jurisdictionsinhaber angenommen, sondern deshalb jederzeit Königliche Ordren producirt werden sollten.

Eine Declaration vom 26sten Januar 1738 schränkte jedoch diese Verordnung blofs auf diejenigen Zuchthäuser ein, welche auf Königliche

Kosten unterhalten würden; und obschon die bald darauf folgende Verordnung vom 18ten Mai 1738 das Edict vom 30sten September 1737 mit der ausdrücklichen Bemerkung: *daſs dies wegen der durch die Erfahrung bemerkten Miſsbräuche nothwendig sei,* — aufs neue bestätigte, und nur in Ansehung der Bettler und Vagabonden eine Ausnahme nachlieſs: so wurde darinn doch die in der Declaration vom 26sten Januar 1738 enthaltene Einschränkung, jedoch nur in Ansehung der von den Städten und Privatis angelegten Spinnhäuser, mit dem beigefügten Entscheidungsgrunde wiederholt:

> *weil darinn die Züchtlinge, nur allein gegen Erlegung der von Sr. Königlichen Majestät verwilligten Gebühren, recipirt würden.*

Es ist nicht ganz deutlich, worauf eigentlich dieser Entscheidungsgrund hindeutet; indessen kann man ihm beinahe keinen anderen Sinn beilegen, als: daſs, bei der damals üblichen Bewilligung der Gebühren durch des Königs Majestät, der Fall doch immer zur Allerhöchsten Kenntniſs gelange, und also bei der Annahme der Verbrecher, auch ohne besondere Ordre, kein Miſsbrauch zu befürchten sei. —

Will man wenigstens *Consequenz* und *Gleichförmigkeit* bei der Gesetzgebung, wie billig, voraussetzen, so kann man jener gesetzlichen Vorschrift keinen anderen Sinn unterlegen, indem es der höchste Grad der Inconsequenz gewesen sein würde: wenn zur Annahme der Verbrecher in den Festungen und Königlichen Zuchthäusern Allerhöchste Befehle erfordert wären, es dergleichen aber zur Annahme der Verbrecher in Privatstrafanstalten nicht bedurft hätte *).

Dem sei indessen wie ihm wolle, so sind doch hierdurch höchst wahrscheinlich die nach und nach, in Ansehung der Civilstrafanstalten, eingeschlichenen, eben gerügten Mifsbräuche entstanden, so dafs jetzt wirklich, bei den Annahmen der Verbrecher in selbige, und bei den Annahmen der Verbrecher in die Festungen — deren Commandanten, gewöhnt an eine strengere militairische Ordnung, sich fortwährend nach den Vorschriften der älteren Gesetze achten — die gröfste und augenscheinlichste Inconsequenz herrscht, indem die Festungscommandanten, wie gesagt, keine Verbrecher ohne Allerhöchsten Befehl annehmen, die Vorsteher der

*) Die Richtigkeit dieser Erklärung scheint sich unter andern auch daraus zu ergeben, dafs, als der Magistrat zu Frankfurt an der Oder im Jahr 1721 bei des Königs Friedrich Wilhelm des ersten Majestät darauf antrug: der Neumärkischen Regierung zu befehlen, Verbrecher, bei vorkommenden Fällen, in das eben damals zu Frankfurt neu angelegte Zuchthaus abliefern zu lassen, — demselben zur Resolution ertheilt wurde: dafs Sr. Majestät die vorgeschlagene Verordnung nicht ergehen lassen würden, weil weder die Regierung noch die übrigen Gerichte jemanden, ohne Sr. Königlichen Majestät allergnädigste Confirmation, zum Zuchthause condemniren könnten.

Zuchthäuser aber hierunter ganz willkührlich verfahren, und, bei der in Ansehung unserer Gefangenanstalten herrschenden Anarchie, seit den Jahren 1730, mit keinen bestimmteren Vorschriften versehen, sondern sich beinahe ganz selbst überlassen sind [10]).

Dafs unter diesen Umständen, aufser den vielen andern mit dieser Verfahrungsart verbundenen Inconvenienzen, auch der Nachtheil entstehet: dafs schlechterdings keine gleiche Vertheilung der Verbrecher in den Civilanstalten statt haben kann, und es also blofs vom Zufall abhängt, ob einzelne Strafanstalten übersetzt werden, andere aber ganz leer stehen bleiben, leuchtet von selbst in die Augen, und bedarf keines weiteren Beweises.

Im Jahr 1799 war dies buchstäblich der Fall mit dem Zuchthause zu Colberg. Es befand sich darinn *kein einziger* Verbrecher, und im Jahr 1791 wurde darinn nur *Ein* Verbrecher, so wie im Jahr

---

[10]) Man darf nicht etwa vermuthen, dafs der Grund, warum in die Festungen nicht anders als auf Allerhöchsten *Immediatbefehl* Verbrecher aufgenommen werden, in den Zuchthäusern aber dergleichen nicht erfordert wird, in den *militärischen* Verhältnissen der Festungscommandanten liege. Der Umstand, dafs Vagabonden und Bettler, *ohne dergleichen Immediatbefehl*, auf blofse Requisition der Civilbehörden, auch in die *Festungen* aufgenommen werden sollen, und wirklich aufgenommen werden, widerlegt diese Vermuthung ganz vollständig.

1796 nur *Drei* aufbewahrt, während andere Gefangenanstalten mit Gefangenen dergestalt übersetzt waren, daſs unter andern, nach einem officiellen Bericht, mehrere von den im Zuchthause zu Wesel aufgenommenen Schwachsinnigen, *wegen Mangels an Raum und der Unmöglichkeit* einer zweckmäſsigen *Verpflegung und Aufsicht,* wirklich rasend wurden. —

Überhaupt lassen sich die nachtheiligen Folgen, welche durch diese willkührliche Vertheilung der Gefangenen, und durch das dadurch mit entstehende Übersetzen unserer Gefangenanstalten veranlaſst und begünstigt werden, kaum alle übersehen und aufzählen. Ich rechne dahin besonders: daſs die Gesundheit der Gefangenen durch das Zusammenpressen derselben leidet, daſs Reinlichkeit in den Gefangenanstalten nicht statt haben kann, und daſs besonders eine zweckmäſsige Classification der Gefangenen sehr erschwert, ein gehöriges und zweckmäſsiges Anhalten derselben zur Arbeit aber fast ganz unmöglich gemacht wird.

Freilich haben diese Mängel unserer Gefangenanstalten nicht hierinn allein ihren Grund, sondern werden noch durch andere mehr unmittelbare Ursachen veranlaſst; aber befördert und vergröſsert werden sie dadurch allerdings.

Das Übel, welches so viele unserer Gefangenanstalten drückt: daſs sie keine gesunde Lage haben, und so eingerichtet sind, daſs die Aufbewahrung in denselben der Gesundheit der Gefangenen *an und für sich* nachtheilig ist, wird unter andern dadurch sehr merklich vergröfsert, und gleichwohl bedarf es in der That einer solchen Vergröfserung dieses Übels gar nicht, um dasselbe mit Recht drückend, empörend und schreiend zu nennen.

In den Festungen dienen meistentheils die Casematten zur Aufbewahrung der zur Festungsarbeit verurtheilten Verbrecher, und das läfst sich auch nicht ändern, wenn gleich die ihnen darinn angewiesenen Wohnungen nicht immer die gesundesten sein dürften.

Einige derselben erregen indessen Schauder, wie z. B. die von Cüstrin und Danzig.

Im Stockhause zu Cüstrin fehlt es an Tageslicht und an frischer Luft, und die Behältnisse für die Baugefangenen zu Danzig sind so angelegt, dafs das Wasser beständig an den Wänden herabläuft, sie auch gar nicht geheizt werden können. —

In manchen andern Festungen wird zwar auch noch über die ungesunde Beschaffenheit der Gefängnisse *im Allgemeinen* geklagt; indessen hoffe ich, dafs diese Klagen nicht auf etwas ganz eben so schlimmes hindeuten. —

In den Zuchthäusern ist dagegen für gesunde Wohnungen so ziemlich gesorgt; wenigstens führen die Vorsteher derselben in ihren deshalb erstatteten Berichten keine Klagen darüber, ob ich gleich aufrichtig gestehe, dafs ich es doch der Gesundheit der Gefangenen nicht für zuträglich erachte, wenn unter andern im Zuchthause zu Halberstadt die männlichen Gefangenen in der zu ihrem Schlafzimmer bestimmten Stube auch arbeiten, im Zuchthause zu Bayreuth sich aber beständig im untern Stockwerk aufhalten müssen, welches so verbaut ist, daſs gesunde und frische Luft nur durch Kunst herein geschafft werden kann. —

Aber in welchem schrecklichen, die Menschheit empörenden Zustande befinden sich dagegen nicht viele unserer Aufbewahrungsgefängnisse! Ich will der fast überall fehlerhaften, der Gesundheit der Gefangenen höchst nachtheiligen Einrichtung der hiesigen, erst vor wenigen Jahren neu erbauten, Stadtvoigtei gar nicht einmal erwähnen, da sie ohnehin bekannt genug ist. Wenn dies aber in der Hauptstadt, und bei einem mit groſsen Kosten neu erbauten Hause der Fall ist, so wird man sich wohl von selbst vorstellen, wie es in den Provinzen und in den Provinzialstädten aussieht.

Nur beispielsweise will ich bemerken: daſs unter andern sämmtliche Gefängnisse in Brandenburg unter der Erde belegen sind, und nur zwei davon etwas Tageslicht haben, jedoch so dunkel sind, daſs die Gefangenen in selbigen nicht beschäftigt werden können; daſs eben dies in Rathenow und Lenzen der Fall ist; daſs zu Falkenburg in der Neumark das Aufbewahrungsgefängniſs in einem massiven Keller bestehet, der bloſs durch eine Öffnung in der Thür Licht und Luft erhält, und daſs die Gefangenen darinn weder gehen noch stehen können, sondern sitzen oder liegen müssen; daſs in Züllichau die eine Stube des Aufbewahrungsgefängnisses finster und dumpfig ist, auch wegen des nicht zu entfernenden Rauchs das Ansehen einer *Räucherkammer* hat, daſs diese Stube gleichwohl noch, als die gesundeste, gebraucht werden muſs, weil ein anderes gewölbtes Gefängniſs weder gedielt noch mit einem Ofen versehen ist, die übrigen Kellergefängnisse aber gleichfalls ungedielt, finster, ohne Luft, und dabei so beschaffen sind, daſs das Wasser beständig von den Thüren herabläuft, die Wände aber bis oben heran grün beschlagen sind. —

Es ist in der That beinahe keine einzige Provinz, die nicht ähnliche Klagen führt.

In der schon oben gedachten Frohnveste zu Cosel, wo gewöhnlich 60 bis 70 Gefangene sitzen, sind die Gefängnisse zum Theil im Souterrain befindlich, feucht und ungesund.

In Pommern sind die Aufbewahrungsgefängnisse nach den eingegangenen Berichten höchst elend.

Die sogenannte Custodie zu Stettin liegt niedrig und ungesund, und diese Lage wird der Gesundheit der Gefangenen dadurch noch nachtheiliger, daſs oft wegen Mangels an Raum 8, 10 bis 20 Personen in ein Zimmer gebracht werden müssen, welches nur für 2, 4 bis 6 Verbrecher Platz hat.

Selbst bei den, schon in neueren Zeiten, in Pommern angelegten Gefängnissen hat man für die Gesundheit der Gefangenen nicht gehörig gesorgt. Das Cöslinsche Hofgerichtsgefängniſs gehört dahin. Es bestehet aus 4 kleinen Cammern, die ohngefähr 12 Fuſs lang und nicht völlig so breit, dabei aber so feucht sind, daſs Criminal-

und Civilgefangene, wenn sie über 14 Tage darinn aufbewahrt werden, gemeinhin an ihrer Gesundheit leiden. —

Die Behältnisse der Schloſsfrohnveste zu Königsberg in Preuſsen, welche 32 Gefangene aufnehmen können, sind feucht und dumpfig, entbehren des Sonnenlichts, können nicht geheizt werden, und liegen an einem unter den Fenstern des Gefängnisses befindlichen stinkenden Sumpf. —

Im Magdeburgischen sind, nach der Anzeige des Regierungspräsidenten von Vangerow, die Aufbewahrungsgefängnisse bei fast allen Magisträten und Justizämtern dumpfe, feuchte, grossentheils im Winter nicht zu heizende, und zum Theil äuſserst baufällige Behältnisse, welche die Gesundheit der Gefangenen zerstören, so daſs diese — nach der ganz richtigen Bemerkung in jener Anzeige — in solchen Kerkern mehr leiden und strenger büſsen, als wenn sie in den Strafanstalten die verdienten Folgen ihrer Vergehungen dulden.

Die schrecklichen Policeigefängnisse zu Elbingen, welche jedoch zugleich auch als Aufbewahrungsgefängniſs gebraucht werden, und die der verdienstvolle Marienwerdersche Regierungspräsident *Abscheu erregend* nennt, mag ich nicht schildern. Der Bauassessor Dühring mag es für mich thun. Er drückt sich darüber in seinem, unter dem 16ten November 1799 erstatteten, Bericht folgendermaſsen aus: — „diese Gefängnisse sind „in einem alten festen Thurm der ehemaligen Fortification befindlich.“

„Zum Eingange kann man nur durch einen „schmalen Gang *mit Lebensgefahr* gelangen, indem „man jeden Augenblick befürchten mufs, von her-„unterfallenden Dachsteinen des morschen Daches „erschlagen zu werden.

„Gleich am äufsern Eingange kömmt man auf „einigen Stuffen in den sogenannten *Stock*.

„Dieses ist ein überwölbtes Gemach von 12 „Fufs im Quadrat, $7\frac{1}{2}$ Fufs hoch, in welches durch „die $10\frac{1}{2}$ Fufs starke Mauer, vermöge eines kleinen „Loches, nur ein *Schimmerlicht* hineinfällt.

„In der Mitte desselben befindet sich eine mit „Eisen stark beschlagene Fallthüre, die eine Öffnung „bedeckt, durch welche man in den sogenannten „*Grund* hinabsteigen kann.

„Diese überwölbte *Gruft* hält 10 Fufs im Qua-„drat, ist 8 Fufs hoch, und dem *Zutritt der äufsern* „*Luft gänzlich verschlossen*.

„Vermittelst einer massiven, schon sehr aus-„gelaufenen Windeltreppe, die überdem gröfsten-„theils mit Schutt beschüttet, gelangt man mit „Mühe in das Hauptgefängnifs, den sogenannten „*Strumpf*.

„Dieser Raum nimmt die ganze Höhlung des „Thurms bis unter das Dach ein, ist 19 Fufs im „Quadrat grofs, 52 Fufs hoch. *Nothdürftiges* Licht „und Luft erhält er durch *das zum Theil offene Dach*, „und durch einige alte Schiefslöcher, die sich in „ansehnlicher Höhe befinden. Der Fufsboden ist „weder gedielt noch gepflastert, sondern bestehet „lediglich aus Bergen von Schutt. Einige Nischen

„in dem starken Gemäuer dienen zu Lagerstellen, „und in einer derselben ist der Abtritt angebracht. „Weder ein Ofen noch Camin ist vorhanden, sondern bei sehr strenger Kälte machen sich die Gefangenen in der Mitte auf dem Fufsboden ein Feuer, „*um nicht zu erfrieren.*

„In diese *schrecklichen* Behältnisse werden Personen *beiderlei Geschlechts*, die sich Policeiverbrechen, oder Dienstvergehen schuldig gemacht; oder „die als Herumstreicher oder Bettler aufgegriffen; „oder die eines Verbrechens oder Diebstahls verdächtig sind, theils zur *Strafe*, theils zur *Sicherheit*, gesteckt.

„Die Arrestanten sind sich hier ganz selbst überlassen, indem der Gefangenwärter einige Häuser „von diesem Thurm wohnet.

„Die ersten beiden Gefängnisse würden sich „eher zu *Begräbnissen*, wie zu Aufenthaltsorten für „Lebendige schicken. Zu dem untersten führt nicht „einmal eine Treppe, sondern die Unglücklichen „werden hinabgelassen.

„Ob sie der Gesundheit zuträglich sind? — „Diese Frage bedarf keiner Antwort. — Die Luft „in dem obersten Gefängnisse könnte reiner sein, „wenn sie nicht von dem nahen Abtritte verpestet „würde. Überdem treibt der Sturm Regen und „Schnee durch die Rinnen des Daches, und abgerissene Steine drohen jeden Augenblick die Bewohner zu zerschmettern. Millionen von Ungeziefer „jeder Art geben den Unglücklichen hinlängliche „Beschäftigung, um nicht aus Langerweile und ste-

„ter Todesfurcht wahnsinnig zu werden. Sich „selbst überlassen, darf der, dem in der Nacht „plötzlich etwas zustöſst, auf keine Hülfe rech-„nen. —

„Bei Besichtigung des Gefängnisses fand ich „im obern Raum 3 Männer, worunter einer eines „Pferdediebstahls verdächtig, einen Burschen von „etwa 14 bis 16 Jahren, der schon 3 Tage geses-„sen, und nach seiner Angabe noch nicht verhört „war, auch nicht wuſste, was er begangen, und ein „Dienstmädchen von 20 Jahren, die sich gegen ihre „Herrschaft vergangen haben sollte, und noch 8 „Tage, nach Aussage des Gefangenwärters, zu „sitzen hatte.“ — —

Dies ist die Charakteristik einiger unserer Aufbewahrungsgefängnisse, und noch dazu aus nicht unerheblichen, zum Theil ansehnlichen Städten, und zum Theil mit aus den ältesten und gebildetesten Provinzen der Monarchie; wie es in den übrigen aussieht, kann hiernach ein jeder von selbst ermessen. —

An Reinlichkeit ist unter diesen Umständen in unseren Gefangenanstalten gar nicht zu denken.

Es ist schrecklich, welche Unreinlichkeit, selbst in der erst vor wenigen Jahren hier in der Hauptstadt neu erbauten und eingerichteten Stadtvoigtei, herrscht. In einem durch die Geheimeräthe von Warsing und von Schlechtendahl neuerlich erstatteten Bericht, welcher durch die ihnen, auf die Beschwerden eines in hiesiger Stadtvoigtei unschuldig verhaftet gewesenen Menschen, übertragene Untersuchung veranlafst wurde, heifst es unter andern:

> der Mangel an Reinlichkeit ist wirklich sehr grofs, und macht dies Gefängnifs zu einem *scheuslichen Aufenthaltsort*, wo eine verpestete Luft beständig herrscht, wo es von Ungeziefer aller Art wimmelt, und wo die Gefangenen noch dazu bald von der Krätze befallen zu werden pflegen.

Ich mag diesen Bericht nicht weiter ausschreiben. Schon dieser Auszug ist nicht für Leser von zärtlichen Empfindungen geeignet, sondern nur für solche, welche auch da, wo Mensch und Menschheit in ihrer tiefsten Herabwürdigung sich darstellen, Muth und Kraft behalten, um nicht an der Möglichkeit einer Verbesserung zu verzweifeln, und dadurch vom Handeln abgeschreckt zu werden. —

Man wird also, nach jener Probe, wohl nichts näheres von dem zu wissen verlangen, was in diesem Bericht über die Einrichtung der Abtritte, und über die daraus entstehende Unreinlichkeit, noch weiter gesagt ist. Die Berichtserstatter versichern:

> dafs es keine geringe Aufopferung sei, dies Gefängnifs — so wie es jetzt ist — *nur zu besuchen*, und eine zweckmäfsige Visitation desselben anzustellen. —

Ein jeder mag hieraus, und aus dem vorhergesagten, von selbst abnehmen, wie es darinn aussieht, und dann, von diesem in der *Hauptstadt* ganz neu erbauten und eingerichteten Gefängnifs auf das schliefsen, was in den *Provinzialstädten* vorgeht, wo man oft aus Noth alte Thürme und verfallene Gebäude den Gefangenanstalten widmen mufs.

Das war unter andern der Fall mit dem Regierungsgefängnisse zu Minden, welches nach dem Ausdruck des dortigen Regierungspräsidenten kaum zu einem *Viehstall* geeignet war, und erst nach einer vieljährigen Correspondenz mit einem noch immer sehr schlechten, doch aber etwas besseren, vertauscht wurde. Die Gefangenen entflohen aus selbigem nicht aus Furcht vor der Strafe, sondern aus Verzweifelung über die Härte des Aufbewahrungsgefängnisses, und dergleichen geschieht auch noch jetzt an anderen Orten. —

Aus der Magdeburgischen Müllenvoigtei entfloh unter andern in diesem Sommer ein gefährlicher Dieb, welcher demnächst seine Flucht lediglich mit der Unreinlichkeit des Gefängnisses und mit dem übermäfsig vielen darinn befindlichen *Ungeziefer* entschuldigte. Bei der Untersuchung fand man sein Behaupten wahr und gegründet. Das Holz in den Wänden des Gefängnisses war verfault, das Ungeziefer hatte sich darinn eingenistet, und konnte nicht fortgeschafft werden. —

In dem Stadtgefängnifs zu Marienwerder sieht man, nach den eigenen Worten des dortigen verdienstvollen Regierungspräsidenten, die Gefangenen mit Ungeziefer aller Art bedeckt, und das ist freilich sehr begreiflich, wenn man weifs, dafs eben daselbst der Gefangenwärter *wöchentlich* nur 2 Gr. an

Sitzgebühren erhält, wofür er, aufser dem dort sehr theuren Holz zum Kochen der Speisen für die Gefangenen, auch das Lagerstroh anschaffen mufs.

Wie war es möglich, dafs, bei einer solchen Beschaffenheit unserer Aufbewahrungsgefängnisse, das *Entweichen* aus denselben, welches an sich *nie* für ein Verbrechen gelten kann, mit so harten Strafen bedroht wurde! —

Nur aus der gänzlichen Unbekanntschaft mit der wirklichen Beschaffenheit unserer Aufbewahrungsgefängnisse, die nach der jetzigen anarchischen Verfassung einigermafsen entschuldigt werden kann, läfst sich dies begreifen und erklären, und eben daraus läfst es sich auch nur begreifen und erklären: dafs man nicht vor allen Dingen, und besonders vor Anlegung der Besserungsanstalten, auf Verbesserung der Aufbewahrungsanstalten Bedacht nimmt. —

So wesentlich nöthig in einem wohleingerichteten Staat Besserungsanstalten, die dies wirklich und nicht blofs dem Namen nach sind, auch immer sein mögen, so ist doch eine, wenn auch nicht ganz zweckmäfsige, doch wenigstens *menschliche* Einrichtung der Aufbewahrungsgefängnisse, ein noch viel dringenderes und ganz unentbehrliches Bedürfnifs, wie ich solches schon in der Anlage No. 3 des ersten Theils dieser Schrift Seite 36 bemerkt habe. —

Wenn in Anstalten von der Beschaffenheit, wie ich so eben einige Aufbewahrungsgefängnisse aus den ansehnlichsten Städten geschildert habe, die gröbsten Verbrechen und Schandthaten abgebüfst werden sollten, und wenn sie also dazu bestimmt wären, *empfindliche sinnliche Übel* in denselben erdulden zu lassen: so würde sich die Vernunft und das menschliche Gefuhl gleich stark gegen die Zufügung *solcher* sinnlicher Ubel empören, die nicht mehr den Namen einer Strafe, sondern einer Grausamkeit verdienen.

Aber hier ist vollends von Aufbewahrungsgefängnissen die Rede, welche keinen weiteren Zweck haben, als der Person des Angeschuldigten versichert zu sein, und die Ausmittelung seiner *Schuld* oder *Unschuld* leichter und sicherer zu machen. In diese Gefängnisse kommen nicht blofs entschiedene Verbrecher, sondern auch Menschen, auf die zuweilen nicht einmal kleine Unvorsichtigkeiten, sondern nur eine Verkettung sonderbarer Zufälle, oder wohl gar boshafte Verläumdungen, den Verdacht eines begangenen Verbrechens geworfen haben. — Alle diese, mehr oder minder mitleidswerthe Menschen werden in diesen *Höhlen* aufbewahrt. — —

Wie kann man es verantworten, dafs das Leben und die Gesundheit irgend eines Menschen, besonders aber eines unschuldigen Menschen, dem Aufenthalt in solchen *Höhlen* Preis gegeben werde? Das menschliche Gefühl empört sich dagegen, und fast alle Präsidenten der Regierungen, bei denen ich uber die Verfassung der Gefangenanstalten Erkundigungen eingezogen habe, brechen darüber, mehr oder minder stark, in die bittersten Klagen aus.

Die Äuſserung des Präsidenten von Vangerow habe ich schon oben angeführt, und in ähnlicher Art heiſst es in einer officiell erforderten Anzeige, welche mir durch einen sehr achtungswerthen Präsidenten einer Provincialregierung mitgetheilt worden ist: „es thut der Menschheit wehe, „wenn ein Verbrecher, der am Ende mit einer „zweijährigen Gefängniſsstrafe davon kömmt, manch„mal ein Jahr lang in seinem Kerker angeschmie„det, ohne Luft und Bewegung, ohne Arbeit und „Zerstreuung, festsitzen muſs, bis es zu seiner Be„strafung kömmt. *In vielen Fällen* ist das, was „nur Aufbewahrungsmittel zum Behuf der Unter„suchung sein sollte, weit drückender und här„ter, als die im Erkenntniſs festgesetzte Strafe „selbst." —

Ehe indessen nicht Inquisitoriate *mit Ordnung* allgemein eingeführt werden, kann diesem schrecklichen Übel nie abgeholfen werden. Jnquisitoriate sind — ich kann es nicht oft genug wiederholen — in jeder Rücksicht ein wahres Bedürfniſs des Preussischen Staats. —

Aber auch in den meisten *Strafanstalten* wird auf *Reinlichkeit*, dies in physischer und moralischer Rücksicht gleich wichtige Haupterforderniſs zweckmäſsig eingerichteter Gefangenanstalten, noch lange nicht so strenge gehalten, als es die Wichtigkeit desselben erfordert.

In den Festungen ist solches, nach der ganzen jetzigen Einrichtung und Beschaffenheit der Gefängnisse, nicht möglich; man kann hierunter nichts vorzügliches, kaum etwas erträgliches, fordern.

Die Zuchthäuser könnten dagegen, in Ansehung der Reinlichkeit, vermöge ihrer jetzigen Einrichtung, allerdings schon etwas mehr leisten; aber leider! geschieht hierunter an den wenigsten Orten, was geschehen könnte und sollte. —

Magdeburg, Halle, Halberstadt und Jauer sind Ausnahmen von dieser Regel; in fast allen übrigen Zuchthäusern fehlt es an der nöthigen Reinlichkeit, und in manchen derselben auch an den Mitteln, sie sich zu verschaffen.

Wo man es noch, wie im Zuchthause zu Bayreuth, nach einem von dem Cammercommissarius unter dem 9ten Februar 1799 aufgenommenen Protocoll, als etwas grofses ansieht, dafs die Gefangenen alle *Vierteljahr* frisches Lagerstroh bekommen, da kann sicher Reinlichkeit nicht statt haben. —

Zu dem allen kömmt hinzu, dafs in unseren Gefangenanstalten für die gehörige *Bekleidung* der Gefangenen entweder gar nicht, oder nicht zureichend gesorgt, und dadurch die Unreinlichkeit in denselben noch vermehrt und befördert wird.

Fast nirgends hat man gehörige Anstalten, um die Gefangenen von dem vielen Schmutz und Ungeziefer zu reinigen, welches sie gewöhnlich mitbringen, und bei dem Mangel anderer Kleidungsstücke kann man sie davon auch nicht entledigen. —

Von den Festungen will ich auch hier schweigen, und nur blofs der Sonderbarkeit halber erwähnen: dafs auf der Festung zu Stettin zwar die *männlichen* Baugefangenen die nothdürftigste Bekleidung auf öffentliche Kosten erhalten, nicht aber die *weiblichen.* Diese müssen sich solche, wie es in einer officiellen Anzeige heifst, *erbetteln*; und etwas ganz ähnliches findet auch in der Festung Glatz statt, wo alle Sonnabend ein Gefangener in der Stadt Almosen zur Bekleidung der Gefangenen einsammlet.

In den Zuchthäusern herrscht dagegen, in Ansehung der Bekleidung, eine gänzliche Verschiedenheit, und fast überall keine Ordnung.

Eigentliche Einkleidung der Gefangenen bei ihrer Aufnahme hat blofs in Tapiau statt. Sie erhalten dort die nöthige Kleidung auf Kosten der Anstalt, und ihre mitgebrachten Kleidungsstücke werden, wenn die Sitzzeit auf nicht länger als 6 Monat bestimmt ist, aufbewahrt, im entgegengesetzten Fall aber öffentlich verkauft, und das dafür gelösete Geld den Eigenthümern bis zu ihrer Entlassung asservirt. In allen übrigen Strafanstalten bleiben die Gefangenen in der Kleidung, in der sie abgeliefert worden, und erhalten nur im *äufsersten Nothfall* andere Kleider.

An einigen Orten, wie zu Stettin, Wesel, Rössel, Brieg und Jauer, sorgt die Anstalt in diesen *Nothfällen* für die Bekleidung auf ihre Kosten;

an andern Orten übernimmt die Anstalt diese Besorgnifs nur, wenn die Verbrecher auf längere Zeit verurtheilt sind. — Spandau, zum Beispiel, wenn der Verbrecher wenigstens 3 Jahr, und Königsberg, wenn er wenigstens 8 Jahr sitzen soll.

An anderen Orten, wie zu Magdeburg und Halle, sorgt zwar die Anstalt für die Bekleidung der Sträflinge, jedoch auf Kosten der Gerichtsobrigkeiten der Gefangenen, und an noch anderen Orten, wie zu Herford, Stargard und Colberg, überläfst man es endlich den Gefangenen selbst, für ihre Bekleidung zu sorgen. —

Ein jeder wird leicht von selbst ermessen, dafs bei dieser verschiedenen, ganz willkührlichen Verfahrungsart in der Bekleidung der Gefangenen Gleichheit, Ordnung und Reinlichkeit nicht statt haben können, und dafs es also um so weniger zu verwundern ist, wenn man die Gefangenen in den meisten Gefangenanstalten schmutzig, zerlumpt, abgerissen, und beinahe nackend und blofs erblickt, da auch in denjenigen Anstalten, in welchen man sich der Bekeidung der Gefangenen unterzieht, dies immer nicht zureichend geschiehet.

Selbst hier in Berlin werden die Gefangenen, sowohl im Arbeitshause, als auf der Stadtvoigtei, wie es in den erstatteten Berichten heifst, nur *zur Noth* bekleidet.

In der Stadtvoigtei namentlich, wird nur *zuweilen* den ganz entblöfsten ein neues Hemde, auf Kosten der Cämmerei, gegeben.

In Spandau erhalten die zu 3jähriger und längerer Zuchthausstrafe verurtheilten weiblichen Gefangenen alle *drei* Jahr ein Paar Pantoffeln, ein Paar Strümpfe, ein Hemde, ein tuchenes Camisol und einen Rock; die männlichen aber alle *zwei* Jahr ein Paar Schuhe, ein Paar Strümpfe, ein Hemde, ein Paar Unterkleider und eine Jacke.

Es ist schlechterdings nicht möglich, dafs sie, wenn Reinlichkeit statt haben soll, mit diesen Kleidungsstücken ausreichen können, und das um so weniger, als es bekannt genug ist, dafs alle dergleichen Kleidungsstücke doch immer nicht von der besten Gattung sind. —

Bei der *Beköstigung* herrscht eben diese Ungleichheit, und im Ganzen noch weniger Ordnung.

In den Festungen bestehet die Beköstigung blofs in Brodt, welches aus den Königlichen Magazinen geliefert wird. An einigen Orten liefern die Magazine dazu auch nur das Mehl, und zu Stettin erhalten die Baugefangenen, statt des Brodts, täglich *einen* Groschen, wofür sie sich selbst beköstigen müssen.

In den Zuchthäusern werden die Gefangenen an einigen Orten auf Kosten der Anstalt beköstiget, an anderen Orten aber müssen sie sich selbst beköstigen.

Das letztere hat in den Zuchthäusern zu Stettin, zu Colberg und Stargard statt; das erstere aber in allen übrigen Zuchthäusern.

Da, wo ihnen die eigene Beköstigung überlassen ist, lebt ein jeder von seinem Arbeitsverdienst, und seinem sonstigen etwanigen Vermögen, nach Gefallen und Gutfinden. Sie kochen sich selbst, essen und trinken, was sie wollen, und machen gemeinhin Menage untereinander.

Da, wo sie aber auf Kosten der Anstalten beköstigt werden, ist die Art der Beköstigung, nach dem, was aus den deshalb eingegangenen Berichten abzunehmen ist, sehr verschieden.

An einigen Orten, wie zu Rössel, werden sie sehr gut, vielleicht zu gut beköstigt, an anderen sehr schlecht und elend.

Selbst in den einzelnen Gefangenanstalten herrscht hierunter Verschiedenheit. In Magdeburg und Halle werden die zum Raspeln bestimmten Gefangenen besser gespeiset, als die übrigen. In Wesel findet etwas ähnliches statt, und in Königsberg haben sich alle *auf Lebenszeit* oder auf *acht* Jahr verurtheilte Verbrecher dieses Vorzuges zu erfreuen.

In verschiedenen dieser Strafanstalten ist die Beköstigung der Gefangenen verpachtet oder in Entreprise gegeben.

Im Zuchthause zu Spandau, zu Bayreuth, zu Magdeburg, zu Halberstadt, zu Herford und Emden ist dies der Fall, und an den vier letztern Orten sind sogar die Hausväter und Zuchtmeister die Entrepreneurs der Speisung. —

Ich will gern zugeben, dafs hieraus an einigen Orten, wie zu Magdeburg und Halberstadt, bei einer ununterbrochenen, vorzüglich strengen Aufsicht, weniger Unheil als gewöhnlich entstehet; indessen verdient diese Einrichtung doch, nach dem, was ich schon bei dem 14ten Satz des vorstehenden

Abschnitts ausgeführt habe, getadelt zu werden. Unordnungen aller Art sind davon, auch bei der strengsten Aufsicht, unzertrennlich, und nicht immer wird denselben zweckmäſsig gesteuert.

Im Zuchthause zu Bayreuth entstanden unter andern im Jahr 1799 verschiedene Beschwerden, welche zum Theil auch auf die schlechte Beköstigung der Gefangenen gerichtet waren. Der verdienstvolle und patriotische Präsident von Völderndorff unterzog sich der Untersuchung des Zuchthauses persönlich. Man lieſs Proben von einigen Speisen durch den Physicus untersuchen, und dieser erklärte sie geradehin für schädliche und ungesunde Speisen, weil sie von der Art wären, daſs sie nicht verdauet werden könnten, keine zur Ernährung geschickte Säfte gäben, sondern selbst bei dem robustesten Körper den Grund zu Krankheiten legen müſsten. Das darüber aufgenommene Protocoll wurde der Cammer mitgetheilt; auf die Entschuldigung des Pächters aber, daſs die Lebensmittel theuer wären, und für den ihm gesetzten Preis nicht besser geliefert werden könnten, blieb es beim alten. —

Dergleichen Entrepreneurs wollen schlechterdings gewinnen, und bekümmern sich nicht um die Gesundheit der Gefangenen. — Dem vorigen Entrepreneur im Zuchthause zu Warschau hatte man unter andern nachgerechnet, daſs er einen reinen *jährlichen* Gewinnst von 1800 Rthlrn. gemacht habe: dabei aber hatte er auch die Gefangenen — um mich auch hier derselben Worte zu bedienen — *über allen Ausdruck schlecht und elend* gehalten. —

Und wie wahr endlich das ist, was ich schon bei dem 14ten Satz des vorstehenden Abschnitts gesagt habe: dafs nur selten die Gefangenen Muth genug haben, sich über dergleichen Bedrückungen zu beschweren, indem sie die Rache und Mifshandlungen der Unterofficianten befürchten, — auch das beweiset die eben erwähnte Untersuchung des Bayreuthschen Zuchthauses.

Schon gegen den Präsidenten von Völderndorff äufserten die Gefangenen ihre Furcht vor den Folgen ihrer Beschwerden, und einer derselben erklärte sogar; es sei bedenklich Beschwerde zu führen, *weil man sich dadurch auch den Verfolgungen der übrigen Mitgefangenen aussetze.* Er führte hierüber ein ausdrückliches Beispiel an, — und bei der von der Cammer wiederholten Vernehmung wagten es die Züchtlinge nicht, auf den bei der Regierung mit Furcht und Zittern angebrachten Beschwerden zu bestehen. —

Dies geschah in dem Fall, in welchem der Speisungsentrepreneur *nicht* ein Officiant der Anstalt war; was ist also wohl zu erwarten, wenn die Speisungsentrepreneurs, und der Hausvater oder Zuchtmeister, in Einer Person vereinigt sind, wie das vorgedachtermaafsen in mehreren Anstalten der Fall ist? —

Dafs es unter allen diesen Umständen, und bei der eben gedachten ungesunden Beschaffenheit vieler Gebäude; bei dem Zusammenpressen der Gefangenen in selbigen; bei der in den Gefangenanstalten herrschenden Unreinlichkeit; bei der kärglichen, der

Gesundheit gleichfalls nachtheiligen Bekleidung; und bei der zum Theil ungesunden Beköstigung der Gefangenen, auch in unseren Gefangenanstalten, an Kranken aller Art nicht fehlen könne, das wird wohl ein jeder von selbst ermessen; — und doch fehlt es fast überall an den nöthigen Anstalten zur Verpflegung derselben.

Wie kläglich es dieserhalb in den Festungen aussieht, will ich gar nicht erwähnen. Es ist solches ohnehin bekannt genug; in den meisten fehlt es sogar an Gelegenheit, die Kranken von den Gesunden abzusondern. —

In den übrigen gröfseren Gefangenanstalten hat man zwar fast überall besondere Zimmer oder Cammern, welche man Krankenstuben nennt, und in welche die Kranken gebracht werden. Wie sie aber beschaffen sind, das läfst sich schon aus dem vorher erwähnten *Übersetzen* der Gefangenanstalten, und aus dem dadurch entstehenden drückenden Mangel an Raum abnehmen; und eben so wenig ist auch die Wartung und Pflege, welche die Kranken dort geniefsen, so beschaffen, dafs eine baldige und vollständige Genesung erwartet oder erreicht werden könnte.

Einige wenige Gefangenanstalten versichern zwar, dafs man darauf Bedacht nehme, die Kranken besser zu beköstigen, und an einigen Orten mag auch wohl für dieselben möglichst gesorgt werden; an den meisten aber geschieht es nicht.

Selbst in der hiesigen Stadtvoigtei werden über den Mangel an Wartung und Pflege der Kranken die bittersten Klagen geführet, und der schon vorher erwähnte Bericht der Geheimeräthe von Warsing und von Schlechtendahl rechtfertiget sie. — „Der Kranke," heifst es darinn „ist in „den Krankenzimmern *ohne Wartung und Pflege*, und „wird vielleicht lieber in sein Gefängnifs zurückkeh-„ren, wo er zwar weniger Bequemlichkeit, aber „doch oft Theilnahme, Hülfe und Wartung *von seinen Mitgefangenen geniefst.*" — Geschieht aber dies selbst hier in der Hauptstadt, wie mag es nicht an anderen Orten aussehen?

Auch in Bayreuth war es, bei der von dem Präsidenten von Völderndorff im Jahr 1799 angestellten Untersuchung, eine allgemeine Klage, dafs die Kranken ohne Wartung und Pflege wären, vom Arzt und Chirurgus verlassen würden, und man sich um sie fast gar nicht bekümmerte. Die Untersuchung bestätigte diese Klage. Man fand wirklich, unter den angeblich gesunden, verschiedene mit grofsen Beulen und offenen Schäden behaftete. —

An vielen Orten kann die Vernachlässigung der Kranken nicht fehlen; denn es fehlt entweder ganz und gar an Aerzten und Chirurgen, denen die Besorgung der Kranken, als eine besondere Pflicht, übertragen ist, oder sie sind so elend besoldet, dafs durch sie die Kranken gewifs nicht gehörig besorget werden.

In dem auf 150 Köpfe angelegten Zuchthause zu Rössel ist unter andern die jährliche Besoldung des Asztes auf 24 Rthlr. festgesetzt. An anderen Orten beträgt sie noch weniger, und fällt an einigen bis auf 10 Rthlr. herunter. —

In Stargard, wo das Heitzen der Zimmer, das Lohnen des Zuchtmeisters und die Unterhaltung der Gefangenen mit Licht, Koch- und Waschholz, mit Koch- und Waschgeschirren, Spinngeräthschaften und Lagerstroh, verpachtet ist, und ein Entrepreneur für alle diese und ähnliche Bedürfnisse sorgen mufs, gehört es unter andern auch zu den Pachtbedingungen desselben, dafs er die Medicamente liefern soll; und in Emden, wo der Chirurgus ein jährliches Gehalt von 25 Rthlr. beziehet, soll er zugleich in schweren Fällen, und wenn seine Arzeneien nicht helfen, einen Arzt *auf seine Kosten* zu Rathe ziehen, auch für jene 25 Rthlr. die Heilmittel bei äufseren Schäden *umsonst* liefern. —

So wenig aber in unseren Gefangenanstalten für die zweckmäfsige Verpflegung der Kranken gesorgt ist, eben so wenig werden in selbigen auch die Gesunden zweckmäfsig zur *Arbeit*, *Ordnung* und *äufseren Ehrbarkeit* gewöhnt und angehalten.

Ich übergehe es, aus den bereits angeführten Gründen, mit Stillschweigen, dafs solches in den *kleineren Aufbewahrungsgefängnissen* nicht geschieht; indessen geschieht es auch in den *gröfseren* beinahe eben so wenig.

Die Beschreibung, welche ich schon oben von den Aufbewahrungsgefängnissen verschiedener zum Theil ansehnlicher Städte gemacht habe, in welchen fast immer mehrere zur Arbeit qualificirte Gefangene aufbewahrt werden, enthält zugleich den Beweis:

dafs in selbigen das Anhalten der Gefangenen zur Arbeit nicht möglich ist, weil es darinn an Raum und Tageslicht gebricht.

Überhaupt aber ist für die Beschäftigung der Gefangenen in den Aufbewahrungsgefängnissen fast nirgends, auch nur einigermafsen, gesorgt.

In der Schlofsvoigtei zu Marienwerder, wo 70 bis 80 Gefangene aufbewahrt werden, wird unter andern gar nicht gearbeitet, und eben das ist auch der Fall in den meisten gröfseren Inquisitoriaten.

In der Frohnveste zu Brieg, wo gewöhnlich 20 bis 30 Menschen sitzen, ferner in der Frohnveste zu Jauer und Schweidnitz, wo sich oft über 30 Gefangene befinden, und in der Frohnveste zu Cosel, in welcher gemeiniglich 60 bis 70 Angeschuldigte aufbewahrt werden, sind die Gefangenen *ganz ohne Beschäftigung*, und in den Frohnvesten zu Glatz und Oels sieht es nicht besser aus. —

Noch weniger aber kennt man *in den Festungen* Arbeitsanstalten. Blofs in Silberberg hat man ganz neuerlich eine Spinnerei für 18 weibliche Gefangene angelegt; in allen übrigen Festungen aber sind die Baugefangenen lediglich zu den Arbeiten an den Festungswerken bestimmt.

Wenn dergleichen Arbeiten, wie es in manchen Festungen sehr oft der Fall ist, nicht vorkommen, wenn einzelne Gefangene dazu nicht gebraucht werden können, oder der Winter und die kurzen Tage desselben dergleichen Arbeiten ganz ausschliefsen, oder auf wenige Stunden beschränken, gehen die Gefangenen müssig. Sie sind, wenigstens in Rücksicht des Arbeitens, sich selbst überlassen, und haben nur an wenigen Orten, wie zu Magdeburg, Wesel und Friedrichsburg, Gelegenheit, sich, wenn es ihnen gefällig, und sie dazu durch Blöfse und Hunger getrieben werden, mit Spinnen zu beschäftigen.

In den meisten *Zuchthäusern* werden dagegen zwar die Gefangenen zum Arbeiten angehalten; indessen sind doch noch einige, in welchen es ganz unterbleibt, und in allen geschieht es nicht zweckmäfsig.

Die Zuchthäuser zu Stettin, zu Stargard und Colberg zeichnen sich dadurch aus, dafs sie von eigentlichen Arbeitsanstalten gar nichts wissen. Den Gefangenen ist es in selbigen überlassen, ob sie arbeiten wollen oder nicht, ob sie viel oder wenig zu arbeiten Lust haben. Blofs Hunger und Bedürfnisse sind ihre Zuchtmeister bei der Arbeit, — und von ihrem Arbeitsverdienst wird den Anstalten nichts berechnet.

In andern Zuchthäusern ist dies zwar nicht der Fall, sondern die Gefangenen werden zur Arbeit angehalten; aber man beschäftigt sie in selbigen, wie ich es schon im *ersten* Abschnitt bemerkt habe, fast durchgehends mit Arbeiten, welche sie nach ihrer Entlassung nicht fortsetzen können, und bei welchen sich also ein *Gewöhnen* zur Arbeit nicht denken läfst.

Spinnen, Wollekratzen, Raspeln und Glasschleifen sind die gewöhnlichen Arbeiten in fast allen unseren Zuchthäusern. Landleute und Handwerker ohne Unterschied werden damit beschäftigt, und fast nirgends ist man, aufser im Zuchthause zu Königsberg, auch nur einigermafsen darauf bedacht, die Gefangenen zu Arbeiten zu gewöhnen, die sie von ihrer Jugend an getrieben haben, und die sie nach ihrer Entlassung ohne Schwierigkeit fortsetzen hönnen.

Selbst die allergewöhnlichsten Handwerke werden an den wenigsten Orten getrieben. Meines Wissens geschieht es blofs in Halberstadt und Schwabach, und Emden hat seit kurzem damit den Anfang gemacht. —

Der Staat, welcher, bei einem solchen Anhalten der Gefangenen zur Arbeit, seine Straf- und Besserungszwecke verfehlt, gewinnt dabei auch nicht in Ansehung des Arbeitsverdienstes. An den meisten Orten ist derselbe so gering und unbedeutend, dafs man diese sonst reichhaltige Quelle des Unterhalts der Gefangenen als beinahe ganz versiegt ansehen mufs.

An einigen Orten hat man sich daher durch Verpachtung des Arbeitsverdienstes der Gefangenen zu helfen gesucht, an andern aber den Officianten der Anstalt einen Antheil am Arbeitsverdienst der Gefangenen bewilligt, um sie dadurch zu einem desto strengeren Anhalten derselben zur Arbeit zu ermuntern. —

Verpachtungen dieser Art haben unter andern im Zuchthause zu Wesel und Herford statt, und noch ganz neuerlich hat man sogar den Arbeitsverdienst der Gefangenen in der Hausvoigtei zu Bromberg dem dortigen *ersten* Inquisitor und Oberaufseher dieser Gefangenanstalt, mit der Maafsgabe, in Pacht gegeben: dafs der *zweite* Inquisitor, sein ihm subordinirter College, dahin sehen soll, dafs alle etwanige Bedrückungen der Gefangenen bei dieser Pacht vermieden werden. — —

Wie wenig die Anstalten bei dergleichen Verpachtungen gewinnen, davon überzeugt man sich durch die blofse Einsicht der Pacht- und Entreprisecontracte; wie sehr sie aber im Ganzen darunter leiden, das habe ich schon bei dem 17ten Satz des vorstehenden Abschnitts erwiesen.

Noch gewöhnlicher ist in unseren Gefangenanstalten das, nach meiner Ausführung im vorstehenden Abschnitt, eben so bedenkliche Bewilligen eines Antheils am Arbeitsverdienst der Gefangenen für die Officianten der Anstalt. Es hat solches in unseren meisten Zuchthäusern statt. Selbst Magdeburg und Halberstadt, die sich sonst vortheilhaft auszeichnen, trifft dieser Vorwurf. Mangel an zureichenden Besoldungen der Officianten ist mit Schuld daran; desto gefährlicher aber ist es, wenn man so kärglich dotirten Officianten einen Antheil am Arbeitsverdienst der Gefangenen bewilligt. Die schon oben geschilderten Unordnungen und Bedrückungen der Gefangenen sind dabei fast gar nicht zu vermeiden.

Am wenigsten ist dies möglich, wenn es den Gefangenanstalten an den nöthigen *Policeigesetzen* fehlt, wenn die Ordnungsstrafen gröfstentheils der Willkühr der Officianten überlassen und keine gewisse Arbeitsclassen und Arbeitspensa angeordnet sind.

Und auch dies alles ist in unseren Gefangenanstalten der Fall.

Policeigesetze, welche das Betragen der Gefangenen, ihre Rechte und Pflichten näher bestimmen und festsetzen, kennt man meines Wissens nur in den Zuchthäusern zu Magdeburg, zu Halle und Jauer; in allen übrigen ist daran nicht gedacht. Die Gefangenen wissen also nicht einmal *bestimmt*, was sie zu thun und zu lassen haben, und so sind sie in fast allen Stücken der Willkühr der Unterofficianten um so mehr Preis gegeben, als an den meisten Orten auch die Wahl und Bestimmung des Maafses der Ordnungsstrafen von diesen abhängt.

Selbst in den Zuchthäusern zu Herford und Emden ist die Wahl und Bestimmung des Maafses der Ordnungsstrafen eben den Zuchtmeistern überlassen welchen man die Beköstigung der Gefangenen in Pacht gegeben hat. — Wie oft mag hier nicht das Ausschliefsen von den Mahlzeiten als Ordnungsstrafe angewandt werden? und welche Bedrückungen mögen nicht hier und da statt haben, wo der Zuchtmeister am Arbeitsverdienst der Gefangenen Theil nimmt, das *Mehrarbeiten* in den Freistunden aber als Ordnungsstrafe eingeführt ist!

Wenn in unseren Gefangenanstalten *Arbeitsclassen* statt hätten, und überall gewisse *Arbeitspensa* bestimmt wären, würde dies allerdings weniger zu befürchten sein; Arbeitsclassen aber kennt man in selbigen durchaus nicht, und die hier und da statt habende Festsetzung eines gewissen Arbeitspensums ist daher auch ohne Nutzen, oft schädlich und zweckwidrig, indem man dem starken und schwachen, dem geübten und ungeübten Arbeiter, ein gleiches Arbeitspensum abfordert, und die Arbeitspensa nur in einigen Anstalten nach den geprüften Kräften, und nach der Geschicklichkeit der einzelnen Gefangenen, jedoch fast immer lediglich von den Unterbedienten, bestimmt werden. —

Aufser dem allen herrscht in den einzelnen Strafanstalten, bei Festsetzung des Arbeitspensums, die gröfste Verschiedenheit. In einigen, wie zum Beispiel im Zuchthause zu Halberstadt und Magdeburg, sind sie ansehnlich *hoch*, in anderen aber, wie zu Wesel, Jauer und Schwabach, sind sie äufserst *niedrig* bestimmt; so dafs unter andern die Gefangenen im Zuchthause zu Schwabach mit ihren Pensis im Sommer gewöhnlich schon um 12 Uhr fertig sind, in Wesel aber, nach der eigenen Anzeige der Vorsteher des Zuchthauses, ein *doppeltes* Pensum arbeiten können.

Es verdient dies um so mehr getadelt zu werden, als man sich nirgends angelegen sein läfst, die Gefangenen zum Erwerb eines *Überverdienstes* anzuhalten. Man läfst ihnen vielmehr jeden Müssiggang frei, so bald sie nur ihr gewöhnliches Pensum abgearbeitet haben, und oft fehlt es den Gefangenen sogar an Gelegenheit, sich, nach Abarbeitung desselben, anderweitig zu beschäftigen.

Selbst in Magdeburg ist dies der Fall. In

dem deshalb erstatteten Bericht heiſst es wörtlich: „Nur wenn hinlängliche Materialien vorhanden, „als woran es zu Zeiten fehlt, haben die Züchtlinge die *Erlaubniſs*, über ihr Pensum zu arbei„ten. Niemand wird dazu gezwungen, sondern „sie müssen diese Erlaubniſs als *Wohlthat* an„sehen." —

In anderen Gefangenanstalten, wie zum Beispiel im Zuchthause zu Schwabach, wird sogar den Gefangenen nicht einmal ein Überverdienst vergütigt, und hier fehlt es ihnen also vollends an allen Beweggründen zum auſserordentlichen Fleiſs. Nach Abarbeitung ihres geringen Arbeitspensums ist von ihnen nichts anders als *Müssiggang* zu erwarten.

Da wo man aber den Gefangenen Überverdienst gestattet, wird ihnen solcher nach ganz verschiedenen Grundsätzen vergütigt. In einigen Strafanstalten kömmt ihnen derselbe ganz, in anderen, wie in Magdeburg und Halberstadt, nur zum Theil zu gute, und eben diese Verschiedenheit hat auch bei der *Verwendung* desselben statt.

An einigen Orten wird er den Gefangenen *ganz* und zu ihrer *völlig freien Disposition* überlassen, an anderen Orten wird ihnen dergleichen Disposition über *einen Theil* desselben gestattet, und nur an einigen Orten wird ihre Disposition darüber *controllirt*.

Im Arbeitshause zu Berlin und Tapiau, im Zuchthause zu Spandau und Brieg, und fast überall, wo Überverdienst vergütigt wird, hat das erste statt. Der Überverdienst ist der ganz freien Disposition der Gefangenen überlassen, sie können ihn nach Gefallen und Gutfinden zu Caffee, Bier, Tabak und ähnlichen Ergötzlichkeiten verwenden. — In Halle und Magdeburg wird die eine Hälfte desselben zur Bekleidung der Gefangenen verwandt, die andere Hälfte aber ihrer Disposition überlassen. In Königsberg wird er von dem Inspector gesammlet, und entweder zur Bekleidung der Gefangenen verwandt, oder ihnen bei der Entlassung zugestellt, und im Zuchthause zu Halberstadt ist ein Quantum maximum bestimmt, bis auf welches die Gefangenen, unter der Aufsicht des Hausvaters, darüber disponiren können; der Rest aber wird ihnen bis zu ihrer Entlassung aufbewahrt.

Mit einem Wort, es herrscht auch hierunter die gröfste Ungleichheit und Unregelmäfsigkeit in unseren Gefangenanstalten, und es liegt hierin mit ein Grund, dafs es in so vielen derselben an der Beobachtung einer strengen Ordnung, Mäfsigkeit, äufseren Ehrbarkeit und Anständigkeit fehlt und die Gefangenen dazu nicht gehörig angehalten werden.

Denn leider! trifft auch dieser Vorwurf verschiedene unserer Gefangenanstalten in sehr vollem Maafs.

Der Festungen will ich bei dieser Gelegenheit wieder nicht erwähnen. Ihre bisherige Verfassung und Einrichtung, und der sie vorzüglich drückende Mangel an Officianten, ist sicher mit Schuld daran, dafs hierunter nicht geschieht, was billig geschehen sollte.

Man höre indessen doch beispielshalber eine Beschreibung, die über eine, vorzüglich viele Gefangene fassende Festung, vor kurzem, in einem officiellen Bericht gemacht ist. — „Die Lage der „Gefangenen" — heifst es — „ist für einen Menschen, der kein Ehrgefühl mehr hat, nichts weniger als abschreckend. Die Festungsgefangenen „werden nur selten zu öffentlichen Arbeiten gebraucht, noch seltener mit Strenge dazu angehalten, haben überflussige Zeit, um für eigene Rechnung zu arbeiten, und die verfertigte Arbeit *in der Stadt feil zu bieten.* Sie können sich also von „ihrem Verdienst besser beköstigen; der Genufs „des Branntweins und Tabaks scheint ihnen nicht „untersagt zu sein, *weil sie öffentlich die Schenken „besuchen und Tabak rauchen.* Viele von ihnen *haben täglich Umgang mit Menschen aufser ihrem Strafort*, und die meisten schmeicheln sich mit der „Hoffnung einer glücklichen Flucht, worinn sie so „viele Vorgänger gehabt haben." —

In den meisten unserer übrigen Gefangenanstalten sieht es zwar nicht ganz so arg, hier und da indessen auch nicht viel besser aus; und nach dem, was ich schon oben über den Mangel an Officianten, und an hinlänglichem Raum zur Vertheilung der Gefangenen, ferner über die Bekleidung derselben, und über den ihnen gestatteten Müssiggang gesagt habe, wird dies wohl ein jeder von selbst ermessen.

Nur durch dies alles läfst es sich erklären, wenn zum Beispiel in einer der ansehnlichsten Gefangenanstalten, noch ganz kürzlich, ein auf Verlangen seines Vaters zur Correction eingesperrter Mensch, während seines Aufenthalts in der Anstalt, seine Kleider, Wäsche, Bettbezüge und andere Sachen, selbst mehrere der Anstalt gehörige Gesangbücher, zu verkaufen und zu versetzen im Stande war, und wenn die Anstalt selbst dies so wenig verhindern, und diesen Menschen in Ordnung halten zu können glaubte, dafs sie ihn endlich gar nicht länger behalten wollte; oder wenn die Zuchthausadministration zu Magdeburg darüber klagt, dafs sie den Versuch, die Gefangenen zur Aufsparung des Überverdienstes zu gewöhnen, habe machen wollen, ohne es durchsetzen zu können, indem die Züchtlinge, weil es an Aufsehern fehle, und sie wegen Mangels an Raum nicht hinlänglich vertheilt werden könnten, zu viel Gelegenheit behielten, *gemeinschaftliche Abreden* und *Vereinigungen* unter einander zu treffen. —

Aber auch das, was hierunter noch zweckmäfsig geschehen könnte, und billig geschehen sollte, geschiehet an den wenigsten Orten. Fast überall gestattet man den Gefangenen, ohne Aufsicht und Controlle, Besuche ihrer Freunde und Bekannten, und der Genufs des Biers, des Tabaks des Caffees, ja selbst des Branntweins und anderer Ergötzlichkeiten, die doch billig, wenigstens in *Strafanstalten*, nicht statt haben sollten, ist fast nirgends untersagt.

Die Zuchtmeister und Zuchtknechte selbst *handeln* zum Theil mit diesen Waaren. Zu Brieg geschah dies noch vor einigen Jahren ganz öffentlich, und die damit verbundenen Unordnungen wurden so weit getrieben, dafs man sich endlich veranlafst fand, noch einen Zuchtknecht mehr anzustellen, um, wie es in der bei dieser Gelegenheit entworfenen Instruction für die Zuchtknechte ausdrücklich heifst: „den Unordnungen und Einver„ständnissen der übrigen Zuchtknechte mit den „Züchtlingen zu steuern, und ihren *Kaupeleien* und „*Saufgelagen* ein Ende zu machen.“ —

In dem Bayreuthschen Zuchthause darf noch jetzt der Zuchtknecht Rauch- und Schnupftabak an die Gefangenen verkaufen, und der Öconom darf ihnen dagegen, damit es ihnen zu dergleichen Ergötzlichkeiten doch ja nicht an Gelde fehle, das ihnen zugetheilte Brodt wieder abkaufen. —

Doch wozu diese Beispiele aus entfernten Provinzen? Auch auf der hiesigen Stadtvoigtei haben ähnliche Unordnungen statt. Der Gefangeninspector macht auch hier den Gastwirth. Er verkauft den Gefangenen Brodt, Butter, Bier, Tabak und Branntwein. Seine Stube verdient, nach dem Ausdruck eines Officianten des Criminalcollegiums in einer officiellen Anzeige, oft mehr den Namen einer *Gaststube*, als den der *Wohnstube des Gefangeninspectors.* —

An Unordnungen aller Art kann es, unter diesen Umständen, in den Gefangenanstalten nicht fehlen. Als eine Folge davon wird in der eben erwähnten Anzeige unter andern noch ferner gerügt: dafs die Gefangenen beiderlei Geschlechts in ihren Gefängnissen zusammen kommen, und manche Criminalverbrecher den ganzen Tag im Hause frei herumlaufen, und sich bei den Policei- und übrigen Gefangenen ungestört aufhalten. —

Wie ist es möglich, daſs hierbei äuſsere Ehrbarkeit, Ordnung und Mäſsigkeit statt haben können?

Einige unserer Gefangenanstalten zeichnen sich indessen auch darunter vortheilhaft aus, daſs sie dergleichen Unordnungen und Miſsbräuche nicht gestatten.

Eben diese Verschiedenheit aber, welche hierbei, und überhaupt in den Grundsätzen der Administration, und bei der Behandlung der Gefangenen in fast allen Theilen und Zweigen der Administration unserer Gefangenanstalten herrscht, begründet den ihnen noch ferner zur Last fallenden Vorwurf: daſs die einzelnen Institute *einer jeden Classe* von Gefangenanstalten, weder auf *gleichen* Fuſs eingerichtet sind, noch nach *gleichen* Grundsätzen verwaltet werden, mithin die Gefangenen in denselben nicht nur überhaupt, sondern auch besonders in Ansehung der Bekleidung, der Beköstigung, der Arbeit und der Zucht, *ganz ungleich* behandelt werden, und fast uberall der *Willkühr* der Officianten überlassen sind.

Ich nehme hierbei gar nicht Rucksicht darauf: daſs oft *einzelne* Gefangene in *einzelnen* Anstalten, weil sie sich bei den Unterofficianten eingeschmeichelt, oder sie wohl gar durch Bestechungen auf ihre Seite gebracht haben, mit besonderen Vorzügen und Auszeichnungen gegen die übrigen Gefangenen, und letztere dagegen auf die unwürdigste Weise behandelt werden. Auch will ich es hier nicht rügen, dafs zuweilen, selbst die höheren Officianten und Vorsteher der Anstalten, ganz unzulässige Ausnahmen machen, manche Züchtlinge ganz nach Art der Festungsarrestanten behandeln lassen, und denselben, gegen den Zweck der Strafe, gestatten, die ihnen im Zuchthause obliegende Arbeit zu bezahlen, und ganz müssig zu bleiben. — Alle diese Ungleichheiten ungerechnet, richte ich vielmehr hier den Hauptvorwurf der *Ungleichheit* nur auf *das Ganze*, und dahin: dafs unter allen Gefangenanstalten, und in jeder Classe derselben, auch nicht eine ist, die mit irgend einer zweiten nach ein und denselben Grundsätzen dirigirt und verwaltet würde, und dafs eben hierdurch jene ungebundene Willkühr der Officianten nicht blofs möglich, sondern selbst unvermeidlich wird.

Zur Begründung dieses Vorwurfs bedarf es nichts weiter, als einer blofsen Verweisung auf das, was ich vorstehend schon über die Ungleichheit bei der Bekleidung, bei der Beköstigung, bei dem Anhalten zur Arbeit, bei dem Überverdienst, bei der Zucht, und überhaupt bei der ganzen physischen Behandlung der Gefangenen in den einzelnen Instituten einer jeden Classe der Gefangenanstalten gesagt habe.

Nicht eine einzige unserer Gefangenanstalten ist mit den übrigen, welche zu derselben Classe gehören, auf gleichen Fufs eingerichtet; nicht eine einzige derselben wird nach gleichen Grundsätzen verwaltet, und fast überall sind diese von der Willkühr der Officianten abhängig.

Die Ungleichheit, welche in denselben herrscht, geht in der That bis zum unglaublichen. Man bedenke nur, wie unter andern die Gefangenen im Zuchthause zu Stargard, nach dem, was ich schon im *ersten* Abschnitt Seite 49 bemerkt habe, oder in der unlängst Seite 220 gedachten Festung gehalten werden, und wie man sie dagegen in anderen Strafanstalten behandelt; so muſs man hiervon völlig überzeugt sein, und kann unmöglich daran zweifeln: daſs, bei dieser Einrichtung unserer Strafanstalten, Gleichheit der Strafen schlechterdings nicht statt haben kann, und also alle die nachtheiligen Folgen nothwendig entstehen müssen, welche ich bei dem 25ſten Satz des vorstehenden Abschnitts angegeben habe.

Niemand ist hiervon mehr und besser unterrichtet, als die Verbrecher selbst. Noch ganz neuerlich beruhigten sich verschiedene grobe Verbrecher, welche zu mehrjähriger, und zum Theil zu *funfzehnjähriger* Gefängniſsstrafe, verurtheilt waren, bei der erkannten Strafe selbst, wollten aber das Rechtsmittel der weiteren Vertheidigung dagegen einwenden: daſs sie ihre Strafe im Weselschen *Zuchthause*, und nicht auf der dortigen *Festung* absitzen sollten.

Ähnliche Gesuche der Verbrecher um Verwandlung der Zuchthausstrafen in Festungsstrafen, und so auch umgekehrt, kommen bei dem Criminaldepartement nicht selten vor, so wie auch selbst *Regierungen* und *Vorsteher der Zuchthäuser*, wegen Unzweckmäſsigkeit und Gelindigkeit der Strafen an einem oder dem andern Ort, dringend darauf antragen: daſs grobe und gefährliche Verbrecher, hier ausschlieſslich mit Festungs-, und dort ausschlieſslich mit Zuchthausstrafe, belegt werden sollen.

Noch ganz neuerlich war dies der Fall mit der Clevischen Regierung, und mit den Vorstehern des Zuchthauses zu Stargard. Die erstere that die dringendsten Vorstellungen gegen das Bestrafen grober und gefährlicher Verbrecher auf der Festung Wesel, und die letzteren gegen deren Bestrafung im Zuchthause. Beide unterstützten ihre Anträge mit ganz gleichen Gründen: weil nemlich *hier* nicht Festungs-, sondern Zuchthausstrafe, *dort* aber umgekehrt, nicht Zuchthaus-, sondern Festungsstrafe, als ein abschreckendes Strafübel anzusehen sei. —

Ein noch weit gröſseres, in seinen Folgen höchst fürchterliches Übel unserer Gefangenanstalten aber besteht darinn: daſs nirgends an eine zweckmäſsige *Classification* der Gefangenen gedacht ist, und daſs in denselben die schrecklichsten Verführungen herrschen. —

Es giebt bei uns in der That noch Gefangenanstalten, wo nicht einmal die beiden Geschlechter von einander abgesondert sind; und um so weniger hat also eine, auf Verhütung der Verführungen abzweckende, Classification und Absonderung darinn statt.

In den Aufbewahrungsgefängnissen zu Minden ist unter andern der Raum so beschränkt, daſs man sich schon öfters in der Verlegenheit befunden hat, Complicen, Männer und Weiber in Ein Gefängniſs zu bringen; und eben so fand man auch noch im vorigen Jahr 1800, bei Gelegenheit einer Justizvisitation, im Halberstädtschen Personen beiderlei Geschlechts in Einem Gefängniſs aufbewahrt.

In den neu acquirirten Provinzen, wo man mit der Einrichtung der Gefangenanstalten noch nicht hat zu Stande kommen können, ist dies freilich nichts ungewöhnliches; kaum aber sollte man glauben, daſs dergleichen Fälle auch noch in den Aufbewahrungsgefängnissen der älteren Provinzen statt hätten. —

Aber selbst in den *Strafanstalten* derselben ist für die Absonderung beider Geschlechter nicht überall gehörig gesorgt. — Im Zuchthause zu Frankfurt, Stettin und Colberg sind die Gefangenen zwar des Nachts, nicht aber bei Tage, von einander separirt, und bei der wenigen Aufsicht, welche man auf sie hat, und bei dem schon erwähnten Mangel an Officianten haben kann, entstehen hieraus die gröſsten Unordnungen.

Schwängerungen sind in unseren Aufbewahrungs- und Strafgefängnissen nichts ungewöhnliches. Noch im abgewichenen Jahr wurde im Zuchthause zu Frankfurt eine Person nicht nur geschwängert, sondern sie hatte auch Gelegenheit, Schwangerschaft und Geburt *im Zuchthause* zu verheimlichen. Das Kind kam um, und die Mutter mufste, nach Vorschrift der Gesetze, mit einer anderweitigen mehrjährigen Zuchthausstrafe belegt werden. —

Wo aber auch noch eine gehörige Absonderung beider Geschlechter von einander statt hat, da fehlt es doch überall an einer auf Verhütung der Verführungen abzweckenden Separation der Verbrecher.

Im Zuchthause zu Spandau, zu Frankfurt, zu Tapiau, zu Rössel, zu Wesel, zu Brieg, zu Jauer und Herford, bekümmert man sich darum gar nicht; im Zuchthause zu Königsberg wird die Classification der Gefangenen den Einsichten des Gefangeninspectors überlassen. In anderen Zuchthäusern bringt man diejenigen Gefangenen zusammen, welche zu einer und eben derselben Arbeit tauglich sind; und in Stargard überläfst man es den Gefangenen selbst, wie sie sich, in den angewiesenen Zimmern, vertheilen wollen. —

Aber auch da, wo man sich in unseren Zuchthäusern angelegen sein läfst, Verbrecher, von welchen man active Verführung besorgt, von den übrigen möglichst zu trennen, verfährt man nach Grundsätzen, denen ich unmöglich beistimmen kann.

Man classificirt die Gefangenen nach ihrem Betragen *in den Zuchthäusern*, und ihrer *äufseren scheinbaren Moralität*. —

Ich habe schon oben die Trüglichkeit dieses zweckwidrigen Classificationsprincips zureichend ausgeführt, und es macht mich nicht irre, wenn man unter andern auch im Zuchthause zu Halle, welches sich in jeder Rücksicht vor allen anderen Zuchthäusern sehr vortheilhaft auszeichnet, nach diesem Grundsatz zu verfahren *scheint*. Es geschieht wirklich nicht. Dort steht jetzt ein erfahrener, einsichtsvoller Mann, bei der Anordnung der Classification, an der Spitze. Wer kennt nicht den Prediger Wagenitz, seine Verdienste um die Gefangenanstalten überhaupt, und seinen rastlosen, unermüdeten Eifer für die zweckmäſsige Behandlung der seiner Vorsorge mit anvertraueten Gefangenen im Zuchthause zu Halle?

Wer seine Schriften mit Aufmerksamkeit gelesen hat, muſs davon überzeugt sein, daſs er bei dieser Classification hauptsächlich mit auf den *vorher geführten Wandel* der Gefangenen Rücksicht nimmt, und sich durch ihre *äuſsre scheinbare Moralität* nicht täuschen läſst. — Selbst die von mir in Vorschlag gebrachte Classification, *nach der Art der Verbrechen*, stimmt völlig mit seinem Grundsatz überein, wenn sie gleich bisher noch nirgends statt gehabt hat, und im Zuchthause zu Halle auch, nach der jetzigen Einrichtung desselben, um so weniger statt haben kann, als selbst die dort eingeführte Classenabtheilung, wegen Mangels an geheizten Zimmern, im Winter nicht beobachtet werden kann. —

Wenn alle Gefangenanstalten sich eines solchen Mannes zu erfreuen hätten, würde ich weniger auf einer Classification nach der Art der Verbrechen, und nach dem *vor* der Verhaftung geführten Lebenswandel der Gefangenen bestehen. Da dies aber der Fall nicht ist, und man keinem Vorsteher der Gefangenanstalten die, immer sehr trüglich bleibende, Beurtheilung der Moralität eines Gefangenen nach seinem äufserlichen, scheinbaren Betragen *in* den Gefangenanstalten überlassen kann: so ist und bleibt das von der Gattung der Verbrechen, und von dem Lebenswandel der Verhafteten *vor* ihrer Verhaftung, entnommene Classificationsprincip das einzige, bei dem man sich mit einer zweckmäfsigen Vorbeugung der schrecklichen Verführungen schmeicheln kann, durch welche alle unsere Gefangenanstalten angesteckt, zu Grunde gerichtet, und in Schulen des Lasters ausgeartet sind. —

Und in der That kann man sich hierüber um so weniger wundern, da es noch dazu in unsern Gefangenanstalten an beinahe allen *Veranlassungen zu einer moralischen Besserung* der Gefangenen fehlt.

In den meisten Aufbewahrungsgefängnissen läfst man ihnen nicht einmal einen allgemeinen öffentlichen Gottesdient angedeihen; und selbst in einigen Strafanstalten fehlt es daran.

In Ansehung der kleineren Aufbewahrungsgefängnisse ist dies freilich nicht zu ändern. Man kann bei selbigen keine besondern Prediger anstellen, und auch die Gefangenen nicht in andere Kirchen führen; wenigstens ist das letztere mit erheblichen Bedenken verbunden, und dürfte auch schwerlich von besonderem Nutzen sein.

Aber die *gröfseren* Aufbewahrungsgefängnisse sollten doch billig durchgehends mit Predigern und

Seelsorgern versehen sein; indessen ist auch dies bei uns nicht der Fall.

Bei den Inquisitoriaten, und bei den meisten gröſseren Aufbewahrungsgefängnissen, sind keine Prediger und Seelsorger angestellt, und selbst das Zuchthaus zu Herford hat jetzt weder Prediger noch Gottesdienst. — Die sonst dazu bestimmte Kirche ist vor der Hand in ein *Fouragemagazin* verwandelt. —

In den übrigen Zuchthäusern und in den Festungen ist dagegen zwar, so viel mir bekannt, für den Gottesdienst gesorgt, jedoch an den wenigsten Orten so zweckmäſsig, als es in Gefangenanstalten billig geschehen sollte.

Hauptsächlich wird in den Zuchthäusern, und überhaupt in allen Gefangenanstalten, viel zu wenig darauf gehalten, daſs die Gefangenen, auſser dem öffentlichen Gottesdienste, wo möglich einzeln, den Zuspruch und die Ermahnungen eines vernünftigen Geistlichen genieſsen. Dies ist gleichwohl das allerwichtigste, was meines Ermessens für die moralische Besserung der Gefangenen geschehen kann, und ein Vorzug, dessen sich nur die Gefangenen des Zuchthauses zu Halle zu erfreuen haben. —

Wie kann es aber auch wohl anders sein, da es, fast ohne alle Ausnahme, selbst bei den gröſsten Gefangenanstalten, an einem *eigenen* Prediger fehlt, da die Besoldung und Emolumente, welche die Prediger in den Gefangenanstalten erhalten, gröſstentheils im höchsen Grade geringfügig sind, und da es auch, so lange nicht die Gefangenanstalten in gröfsere Anstalten zusammen gezogen werden, sondern so zerstückelt und der Zahl nach vervielfältigt bleiben, gar nicht anders sein, noch hierunter etwas zweckmäfsiges geleistet werden kann? —

Gewöhnlich bedient man sich eines Stadtpredigers oder Schullehrers zum Gottesdienst der Gefangenen, gegen eine kärgliche Belohnung, und es ist sehr begreiflich, dafs es solchen Männern eben so sehr an Zeit fehlt, sich um die Gefangenen zu bekümmern, als die kärgliche Besoldung gar kein Recht giebt, auf eine vorzügliche Sorgfalt und Thätigkeit derselben Anspruch zu machen. In Halberstadt sind sogar *zwei* Stadtprediger für die Gefangenen zur Seelsorge bestellt; es kann aber dessen ungeachtet nichts zweckmäfsiges geschehen, weil sie zugleich Schullehrer sind, und gar keine Zeit haben, den Gefangenen zuzusprechen und für ihren Unterricht zu sorgen. —

Dies ist die Art, wie die Gefangenen *in* unseren Gefangenanstalten behandelt werden. — Was für Früchte kann man nun wohl von ihnen *nach ihrer Entlassung* erwarten? Gewifs keine andere als die, welche wir täglich vor Augen haben, und das um so mehr, als es uns auch sogar an festen und bestimmten Vorschriften über die *Entlassung* der Gefangenen gänzlich fehlt.

Selbst der Grundsatz: dafs da, wo die Dauer des Arrestes im Erkenntnifs bestimmt ist, vor Ablauf derselben keine Entlassung, und nach Ablauf derselben keine Verlängerung des Arrestes statt haben darf, — so einfach, unbedingt, und in der Ausführung leicht er auch immer ist, — wird nicht allgemein befolgt. Ich könnte, wenn es darauf ankäme, mehrere Beispiele anführen, wo Regierungen und Festungscommandanten sich die Beurlaubung der Gefangenen während der Dauer des Arrestes erlaubt haben; — und eben so willkührlich ist auch das Verfahren in den Schlesischen Zuchthäusern, die sich, auf eine Verfügung des Finanzdepartements, erlauben, entwichene und wiederergriffene Züchtlinge mit *Verlängerung* des Arrestes, auf die Hälfte der Zeit, welche sie, von dem Tage ihrer Entweichung an, noch zu sitzen hatten, *eigenmächtig* zu bestrafen. —

Überhaupt möchte ich bei der eingeschlichenen, schon oben geschilderten Willkühr der Vorsteher unserer Strafanstalten in Absicht der Annahme der Verbrecher, die strenge Beobachtung jenes Grundsatzes nur in wenigen Strafanstalten verbürgen. —

Was kann man aber dann in solchen Fällen erwarten, wo die Entlassung der Gefangenen auf keinem so einfachen Grundsatz beruht, sondern sorgfältige Überlegung und Prüfung der vorkommenden Umstände erfordert? Gewifs noch weit weniger, und gleichwohl ist dies der Fall, wenn die Dauer des Arrestes im Erkenntnifs *nicht bestimmt*, sondern von der Besserung eines Verbrechers, von der Nachweisung eines ehrlichen Fortkommens, oder von einer zu erwartenden Begnadigung abhängig gemacht ist.

Hier ist vollends der Willkühr der Vorsteher unserer Gefangenanstalten Thür und Thor geöffnet. Es fehlt schlechterdings an allen und jeden Vorschriften, wonach die Besserung eines Verbrechers und die Vollständigkeit der Nachweisung eines ehrlichen Fortkommens beurtheilt, und worauf ein Antrag zur Begnadigung gegründet sein soll.

Die Vorsteher der Gefangenanstalten sind sich hierunter ganz selbst überlassen, und diejenigen, welche hierbei gewissenhaft zu Werke zu gehen wünschen, befinden sich in der gröfsten Verlegenheit, aus der die meisten gar kein Hehl machen.

Die Vorsteher des Zuchthauses zu Brieg beklagen sich darüber unter andern sehr ausführlich, und sagen in Rücksicht der Nachweisung des ehrlichen Fortkommens: — „ist ein Züchtling possessionirt, so weiset er nach, dafs er sich auf seine „Possession, wie andere, ehrlich ernähren werde. „Ist er nicht possessionirt, so hat er entweder eine „Profession erlernt oder nicht. Im ersteren Fall behauptet er, sich durch seine Profession zu ernähren, „im letzteren Fall aber versichert er, dafs er *als Tagelöhner*, oder *durch Dienen*, sein Brod sich hinlänglich erwerben werde. Diese Behauptungen *müssen* „als wahr angenommen werden, da sich das Gegentheil nicht behaupten läfst." —

Und freilich können gewissenhafte Vorsteher der Gefangenanstalten, unter diesen Umständen, und bei gänzlicher Ermangelung einer gesetzlichen Vorschrift: unter welchen Umständen jene Behauptungen als wahr anzunehmen, oder als vorgespiegelt zu verwerfen sind, nichts anders thun, als dafs sie den Gefangenen auf sein Wort entlassen; wenigstens hängt es ganz von den Vorstehern der Strafanstalten ab, ob sie ihm Glauben beimessen wollen oder nicht.

Noch mehr aber ist ihrer Willkühr überlassen, wenn es darauf ankömmt: ob ein zur Aufbewahrung *bis zur Besserung* verurtheilter Verbrecher, *als ein Gebesserter*, in Freiheit zu setzen sei. Vorschriften, nach welchen dies zu beurtheilen, sind, wie gesagt, ebenfalls nicht vorhanden. Sie können auch nie gegeben werden, so lange, wie bisher, nur von einer *moralischen* Besserung der Verbrecher die Rede ist, und man fordert in der That von den Vorstehern der Gefangenanstalten, denen man diese Beurtheilung zumuthet, etwas ganz unmögliches.

Die meisten Vorsteher der Gefangenanstalten fühlen dies sehr lebhaft. Die Vorsteher des Zuchthauses zu Brieg drücken sich darüber unter andern in nachstehender Art aus: — „Überhaupt scheint diese Beur„theilung schwierig, und der Geist des Gesetzes nicht „füglich zu erreichen zu sein. Denn in diesem Cor„rectionshause mufs sich jeder Züchtling nach den „darinn geltenden Gesetzen richten, ruhig aufffüh„ren und fleifsig sein; handelt er dawider, so weifs „er, dafs er in continenti zur Verantwortung, und „nach Befinden zur Strafe, gezogen wird. Jeder „bemüht sich daher auf die Zeit seines Arrestes, „diesen Unannehmlichkeiten zu entgehen, und ver„hält sich gut, wenn er auch sonst der gröfste Bö„sewicht ist.“

„Bei diesem Mangel an Freiheit zu handeln, „kann man seine Aufführung nur *äufserlich* und *tem-„porell* gut nennen; wer kann aber dafür stehn, „dafs er so bleiben werde, wenn er wieder frei „handeln kann?

„Die Besserung der Züchtlinge kann im Zucht-„hause nicht beurtheilt werden, sondern nur im „freien Geschäftskreise."

„Die Beispiele zeigen es täglich, dafs Verbre-„cher zwei, drei und viermal wieder ins Zuchthaus, „durch ihre wiederholten Vergehungen, sich ge-„bracht haben, die sich darinn stets ohne Tadel „und mit allem Lob betrugen."

Die Zuchthausdirection zu Magdeburg drückt sich darüber, wie ich es schon im *ersten* Abschnitt bemerkt habe, auf eine ganz ähnliche Art aus, und das Resultat von dem allen ist: dafs man sich also genöthigt sieht, bei Beurtheilung der Besserung, eines bis zur Besserung verurtheilten Verbrechers, ganz willkührlich zu Werke zu gehen.

Und das geschieht auch wirklich in so hohem Grade, dafs selbst die höheren Behörden dadurch in nicht geringe Verlegenheit gerathen, und am Ende selbst nicht wissen, wohin und wozu sie die Unterbehörden in dieser Rücksicht eigentlich anweisen sollen.

Denn wird bei der Sache mit zu grofser Leichtigkeit verfahren, werden beinahe alle bis zur Nachweisung eines ehrlichen Fortkommens, oder bis zur Besserung verurtheilte Verbrecher auf gut Glück entlassen; so geräth die Sicherheit des Staats und des Eigenthums seiner Bürger in Gefahr; werden aber die Vorsteher der Strafanstalten im Allgemeinen angewiesen — und weiter kann doch, bei Ermangelung bestimmter Vorschriften, nichts geschehen — hierbei mit gröſserer Behutsamkeit und Vorsicht zu verfahren, so werden sie dadurch besorgt und furchtsam gemacht, und entlassen beinahe keinen einzigen von allen bis zur Nachweisung eines ehrlichen Fortkommens oder bis zur Besserung verurtheilten Verbrechern.

Die Erfahrung bestätigt dies. Ich habe schon im *ersten* Theil dieser Schrift eines Falls erwähnt, in welchem ein bis zur Besserung verurtheilter Verbrecher, am *dritten Tage* nach ausgestandener Strafe, als ein Gebesserter entlassen wurde, und ähnliche, unbegreiflich schnelle Besserungen kamen in mehreren Strafanstalten vor. — Die Vorsteher hierauf gelegentlich aufmerksam zu machen, war unvermeidlich. —

Was ist aber hiervon, und von den neuerlich ergangenen mannichfaltigen Verfügungen, wegen Einrichtung der Besserungsanstalten, die Folge gewesen? Man entläſst nun fast keinen einzigen bis zur Nachweisung eines ehrlichen Erwerbs, oder bis zur Besserung verurtheilten Verbrecher. Und da die Circularverordnung vom 26sten Februar 1799 beinahe alle Diebe und Betrüger, wenigstens sehr viele, welche meines Ermessens zur Aufbewahrung noch lange nicht reif sind, dazu für qualificirt erachtet: so ist mit hierdurch die Folge entstanden, daſs alle unsere Strafanstalten mit Verbrechern überschwemmt und überladen sind, so daſs zur Unterbringung derselben schlechterdings kein Platz weiter vorhanden ist.

Alle unsere Festungen, und fast alle unsere Zuchthäuser, sind jetzt mit Gefangenen dergestalt übersetzt, daſs das Ingenieurdepartement schon verschiedentlich die gewiſs nicht ungegründete Besorgniſs geäuſsert hat: daſs, aus diesem Zusammenpressen der Gefangenen, gefährliche und ansteckende Krankheiten entstehen dürften. —

In Spandau, welches 165 Gefangene aufnehmen kann, befanden sich unter andern nach den letzten eingegangenen Listen 182; in Colberg, welches eigentlich nur für 18 Baugefangene Platz hat, waren 34; in Graudenz, wo 66 aufbewahrt werden können, 115; in Pillau, das nur 50 Gefangene faſst, 110; und in Brieg, Neisse, Cosel und Glatz, welche zusammen für 125 Gefangene Platz haben, 164.

Eben so sieht es auch in unseren meisten Zuchthäusern aus. — Es ist beinahe unmöglich, daſs darinn, und in den Festungen, noch mehrere Gefangene untergebracht werden können, und die Sache ist wirklich schon so weit gekommen, daſs man sich genöthigt sieht, Verbrecher, die zu mehrjährigen Festungs- und Zuchthausstrafen verurtheilt sind, die erkannten Strafen in den Aufbewahrungsgefängnissen absitzen zu lassen, und sie darinn, auf Kosten des öffentlichen Malefizfonds, zu unterhalten und zu ernähren.

An die Begnadigung irgend eines bis zur Begnadigung verurtheilten Verbrechers ist endlich, nach der jetzigen Lage der Sache, eben so wenig zu denken. Des Königs Majestät können dergleichen Begnadigungen, nach der Natur der Sache, in der Regel nur auf den Antrag der höheren Behörden verfügen, und diese können darauf nur auf den Antrag der Vorsteher der Strafanstalten antragen. Letztere sind aber mit gar keinen Vorschriften versehen, wann und unter welchen Umständen sie auf Begnadigung antragen sollen; mithin unterbleibt es, und alle bis zur Begnadigung verurtheilte Verbrecher müssen ihr Leben im Kerker beschliessen. —

Würden blofs solche Verbrecher, welche *lebenswierige* Festungs- oder Zuchthausstrafe verdient haben, zur Aufbewahrung bis zur Begnadigung verurtheilt, so liefse sich hiergegen weniger erinnern. Das ist aber nach der Circularverordnung vom 26ften Februar 1799 in der That nicht der Fall. Ich habe dies schon im *ersten* Theil dieser Schrift Seite 75, und in der dazu gehörigen Beilage No. 3, Seite 37, so vollständig nachgewiesen, dafs ich hierüber kein Wort weiter zu sagen habe.

Es leuchtet unter allen diesen Umständen von selbst in die Augen, dafs das 28ſte, im vorstehenden Abschnitt angegebene Haupterfordernifs zweckmäfsig eingerichteter Gefangenanstalten in den unsrigen gänzlich fehlt, und dafs dadurch dem Staat, aufser dem sonst damit verbundenen Nachtheil, viele nützliche und brauchbare Arbeiter, ohne Noth und Nutzen, entzogen werden. —

Aber auch noch auf andere Art verstöfst man gegen dieses Haupterfordernifs. Bei der wirklichen Entlassung der Verbrecher wird ganz zweckwidrig verfahren, und hauptsächlich mit dadurch werden die Straf- und Besserungszwecke des Staats gänzlich vereitelt.

Gemeinhin und in der Regel werden die Verbrecher zerlumpt und abgerissen aus den Aufbewahrungsgefängnissen in die Strafanstalten abgeliefert. Hier bleiben sie, aufser in Tapiau, in ihrer mitgebrachten Kleidung, reifsen solche noch vollends ab, und erhalten nur im *Nothfall*, in einigen Strafanstalten, andere Kleidungsstücke, jedoch fast allenthalben, wo dies noch geschieht, so kärglich, wie ich es schon oben bemerkt habe, dafs sie kaum im Stande sind, ihre Blöfse zu bedecken. In diesem Aufzuge, mithin fast immer nackend und blofs, werden sie, ohne die geringste weitere Unterstützung, entlassen, so wieder in die Welt geschickt, und ihrem weiteren Schicksal Preis gegeben. —

Dies ist wenigstens der gewöhnliche Gang der Sache; denn nur sehr wenige unserer Strafanstalten machen Ausnahmen von dieser Regel.

Blofs das Zuchthaus zu Bayreuth sorgt dafür auf seine Kosten, dafs die Gefangenen nicht nackend und blofs, sondern gehörig bekleidet, entlassen werden, und in einigen wenigen schon oben genannten Zuchthäusern ist man darauf bedacht, ihnen einen Theil des etwanigen Überverdienstes bis zu ihrer Entlassung aufzusammlen.

Um ihr weiteres, unter diesen Umständen mit so unendlichen, fast unubersteiglichen Schwierigkeiten verbundenes Fortkommen bekümmert man sich ebenfalls nicht, Alle Strafanstalten, aufser Jauer und Halle, thun nicht das geringste, um es auf irgend eine Art zu erleichtern oder zu befördern.

Jauer hält wenigstens doch nach seinem Vermögen darauf, dafs die Gutsherrschaften einer Cameralverfügung vom 12ten Juni 1783 genügen, und so viel möglich dafür sorgen müssen, dafs die Entlassenen *ein* Jahr nach ihrer Entlassung, gegen Lohn und Kost, in Arbeit gestellt werden, und Halle thut seinerseits aus freiem Triebe, was, nach der jetzigen Verfassung, zur Unterbringung der Entlassenen nur immer geschehen kann.

Ich sage, Halle thut dies *aus freiem Triebe*; denn unseren Gefangen- und Strafanstalten ist nirgends vorgeschrieben, dafs sie dafür mit sorgen *sollen*.

Die Instruction vom 27ften März 1797, welche das Verfahren bei Entlassung der zur Festungs- oder Zuchthausarbeit verurtheilt gewesenen Verbrecher bestimmt, legt *ihnen* deshalb keine besondere Pflichten auf. Sie fordert beinahe alles von dem *inquirirenden Richter*, und fordert von ihm in der That mehr, als er oft zu leisten im Stande ist, setzt aber weder ihn, noch die sonst Verpflichteten, deshalb unter eine zweckmäfsige Controlle.

Die Folge hiervon ist: dafs für die entlassenen Verbrecher, in Gefolge jener Instruction, nichts, *schlechterdings gar nichts*, geschieht, so dafs man geradezu mit Wahrheit sagen kann: die Instruction vom 27sten März 1797 sei nie zur Ausführung gekommen, und es werde jetzt daran gar nicht weiter gedacht. —

Nichts ist schädlicher, als dergleichen *unbefolgte* Vorschriften. Gar keine Vorschriften ertheilen, ist in mehr als Einer Rücksicht ungleich weniger nachtheilig, als Vorschriften ertheilen, und dann geschehen lassen, dafs sie nicht befolgt werden.

Unsere Gefangenanstalten trifft indessen hiervon ein Vorwurf wie der andere. An *Hauptreglements*, den wichtigsten Vorschriften aller Gefangenanstalten, fehlt es uns bei allen Hauptclassen derselben. Den *ersten* Versuch dergleichen anzufertigen, an den je gedacht ist, enthält der schon oft gedachte, durch den Geheimenrath von Warsing und Syndicus Koels gelieferte Entwurf zu einem Hauptreglement für die Besserungsanstalten, worüber ich sogleich noch etwas mehr sagen werde; weiter haben wir nichts von der Art, und der Mangel an *Hauptreglements* ist also bei uns *ganz allgemein*.

Aber es sind auch sogar verschiedene einzelne Gefangenanstalten noch nicht einmal mit *Specialreglements* versehen, und diejenigen Specialreglements, welche wir aufzuweisen haben, sind gröfstentheils unvollständig und unzweckmäfsig.

Die Schlesischen Inquisitoriate, das Berlinsche Arbeitshaus, die Zuchthäuser zu Spandau, zu Emden, zu Schwabach, zu Bayreuth und zu Frankfurt, so wie auch sämmtliche Festungen, sind mit gar keinen Reglements versehen, und selbst die hiesige Stadtvoigtei muſs sich noch bis auf diese Stunde mit dem Reglement und den Instructionen für die Officianten des vormaligen Calandshofes behelfen, die an und für sich unvollständig sind, und überdies bloſs für das dortige Locale berechnet waren, in der jetzigen Stadtvoigtei aber beinahe gar keine Anwendung finden. —

Andere unserer Gefangenanstalten haben zwar Specialreglements, aber sie sind höchst unvollständig. Ich kann mich hier auf eine nähere Nachweisung dieser Unvollständigkeit nicht einlassen; indessen glaube ich, daſs ein jeder davon schon von selbst überzeugt sein wird, der alle vorstehende Ausführungen über die Mängel unserer Gefangenanstalten in Erwägung zieht. Die meisten dieser Mängel könnten, bei irgend einer Zweckmäſsigkeit und Vollständigkeit der Reglements, wenigstens in so hohem Grade nicht möglich sein. — Auch wird die *Unvollständigkeit* der Reglements schon daraus ersichtlich: daſs unter andern die Officianten im Zuchthause zu Wesel, das sich ein Reglement zu haben rühmt, mit gar keinen Instructionen versehen sind; daſs man in Brieg erst jetzt an die Anfertigung vollständiger Instructionen für die Officianten denkt; und daſs in Stargard erst im Jahr 1798 ein Rescript der Stettinschen Regierung, welches durch auffallende Miſsbräuche veranlaſst wurde, dem Inspector *einige* Vorschriften über die Behandlung der Züchtlinge ertheilte, welche jetzt als Reglement angesehen und betrachtet werden. — —

Bei dem allen fehlt es nun endlich auch noch vielen unserer Gefangenanstalten an zureichenden *Unterhaltungsfonds*, ob ich gleich glaube, dafs *im Ganzen* daran kein Mangel ist.

Der Grund hiervon liegt, theils in der ungleichen Vertheilung der den Gefangenanstalten vom Staat gewidmeten Fonds, theils aber auch darinn, dafs die Gefangenen in den meisten Gefangenanstalten nicht mit Ordnung zur Arbeit angehalten werden, und ihr Arbeitsverdienst den Gefangenanstalten nicht gehörig und vollständig berechnet wird.

Es giebt Gefangenanstalten, welche mit ganz überflüssigen Fonds versehen sind, und andere, welche sich ganz ohne Fonds behelfen müssen. Die ersteren würden sich, in Rücksicht der Fonds, in einem noch blühenderen Zustande befinden, und die letzteren, wohin auch besonders die Festungen gehören, würden den sie drückenden Mangel weniger fühlen, wenn die Gefangenen allenthalben mit Ordnung zur Arbeit angehalten, und ihr Arbeitsverdienst gehörig berechnet würde.

Das geschieht aber leider! nicht. An einigen Orten arbeiten die Gefangenen gar nicht, an andern sehr wenig. Ein Theil dieses geringen Arbeitsverdienstes wird oft noch den Pächtern und Entrepreneurs zur Beute, und oft wird er auch den Gefangenanstalten gar nicht berechnet.

In dem letzten Fall arbeiten die Gefangenen zwar, aber nicht für Rechnung der Anstalt. — Ich mag deshalb nicht in ein näheres Detail eingehen; indessen kann ich es nicht verhehlen: dafs die hierbei herrschenden Unordnungen sehr weit, und gewifs viel weiter gehen, als man es denkt und sich vorstellt. —

So glaube ich also, von unseren Aufbewahrungs- und Strafgefängnissen zureichend erwiesen zu haben: dafs in *allen* gegen die *meisten* der im vorstehenden Abschnitt bemerkten Haupterfordernisse zweckmäfsig eingerichteter Gefangenanstalten verstofsen wird, und dafs diese Haupterfordernisse in *einigen* Gefangenanstalten sogar *insgesammt* vernachlässigt werden. — Sollten Localrecherchen angestellt, und die hier und da höchst mühsam, und doch gewifs nur immer *sehr unvollständig* entdeckten Mängel und Gebrechen unserer Gefangenanstalten näher und vollständiger untersucht und ausgemittelt werden, was würde man da erst entdecken! Ich bin überzeugt, dafs man davor zurückbeben würde. —

Von den Besserungsanstalten läfst sich noch nichts sagen; denn noch fehlt es daran gänzlich, und unsere Festungen und Zuchthäuser, deren Einrichtung ich oben geschildert habe, vertreten zur Zeit, mit allen ihren Mängeln und Gebrechen, die Stelle der Besserungsanstalten, und werden dazu gebraucht. Wie aber unsere neu einzurichtenden Besserungsanstalten sein werden und sein können, *wenn sie in dem Geist des oft gedachten, dazu entworfenen Hauptreglements eingerichtet werden*, das läfst sich meines Ermessens übersehen und beurtheilen.

Ohne mir also eine andere Gabe der Weissagung anzumafsen, als diejenige, welche man sich durch Nachdenken und Streben nach festen Grundsätzen erwerben kann, getraue ich mir zu behaupten:

> dafs Besserungsanstalten, die man in dem Geist jenes Entwurfs zum Reglement anlegt, sehr bald fast alle die Gebrechen haben werden, unter welchen unsere jetzigen Gefangenanstalten erliegen.

Ich enthalte mich aller Critik einzelner Dispositionen dieses Entwurfs zum Reglement, und bleibe blofs bei den, zum Theil schon im *ersten* Theil dieser Schrift vorläufig erwähnten, Hauptgrundsätzen stehen, gegen welche derselbe verstöfst.

Ich rechne dahin besonders, dafs ich darinn den wesentlichen Unterschied zwischen Aufbewahrungs-, Straf- und Besserungsanstalten vermisse, dafs man daran gar nicht gedacht zu haben scheint, und denselben ganz aufser Acht gesetzt hat.

Man will in den sogenannten Besserungsanstalten noch nicht verurtheilte Verbrecher *aufbewahren*, schon verurtheilte Verbrecher darinn *bestrafen*, und bereits bestrafte Verbrecher *bessern*; alle diese Menschen aber *nach einerlei Grundsätzen* behandeln. —

Das zweckwidrige dieser Verfahrungsart habe ich schon im *ersten* Abschnitt dieses zweiten Theils erwiesen, und ich brauche also darüber um so weniger noch weiter etwas zu sagen, als man gegenseitig selbst davon überzeugt zu sein scheint: dafs in Besserungsanstalten, welche auf diese Art organisirt sind, die Besserungszwecke nicht erreicht werden können.

Denn schon die Circularverordnung vom 26sten Februar 1799 setzt zum voraus: dafs, aufser den *Besserungsanstalten*, noch *Arbeitsanstalten* angelegt werden sollen, in welchen man sich die *Besserung* der Verbrecher will angelegen sein lassen.

Sie verordnet im §. 30:

> dafs gegen Verfälscher von Münzen, und gegen andere Verfälscher und ähnliche Betrüger, wenn ihr Vergehen minder schwer ist, auf körperliche Züchtigung, und, *statt der Zuchthaus- oder Festungsstrafe*, auf Einsperrung in eine *Besserungsanstalt* erkannt; schwere Verbrecher dieser Art aber jederzeit, nach geendeter Strafzeit, auf so lange in eine *Arbeitsanstalt* gebracht werden sollen, bis man von ihrer *Besserung* versichert und überzeugt ist, dafs ihre Entlassung keine gefährliche Folgen haben werde.

Der *den Grundsätzen der Circularverordnung gemäfs ausgearbeitete* Entwurf zum Reglement enthält dem ähnliche Vorschriften.

Man will aufser den sogenannten Besserungsanstalten *Werkhäuser* anlegen, gegen welche ich, insofern es freiwillige Arbeitsanstalten sind, in welchen ein jeder Hülfsbedürftige Unterkommen und Arbeit finden kann, nichts zu erinnern habe, sondern die ich vielmehr für sehr nützliche und zweckmäſsige *Policeianstalten* halte. Aber man will in diesen Werk- oder Arbeitshäusern einen Unterschied zwischen freiwilligen und *nicht* freiwilligen Arbeitern machen, und rechnet zu den letztern die aus den Besserungsanstalten in die Werkhäuser abzuliefernden Verbrecher.

Man muſs es also doch selbst fühlen, daſs die Besserungszwecke in den sogenannten Besserungsanstalten nicht erreicht werden können, und daſs solche, wie ich es mit Recht behaupte, nichts anders als Strafanstalten, und nebenher Aufbewahrungsgefängnisse sein werden; denn sonst könnte und würde man nicht die sogenannten Besserungsanstalten anlegen, und doch die Verbrecher *aus diesen Besserungsanstalten* in die Werk- und Arbeitshäuser abliefern wollen, um sie dort erst zu *bessern*, und *bis zu ihrer Besserung* aufzubewahren. —

Dem sei indessen wie ihm wolle, so bleibt doch wenigstens so viel gewiſs: daſs wenn man auch wirklich die Absicht hat, in *diesen* Besserungsanstalten die Verbrecher zu bessern, dennoch in selbigen, wenn sie nach den Grundsätzen des Entwurfs zum Reglement eingerichtet werden, die Besserung der Verbrecher *nicht* zu erwarten ist, sondern in so eingerichteten Besserungsanstalten nur gar zu bald alle die schrecklichen Verführungen statt haben werden, von welchen unsere jetzigen Gefangenanstalten angesteckt sind.

Eine Besserung der Verbrecher ist darinn schon aus dem Grunde nicht zu erwarten, weil man sich hauptsächlich mit einer *moralischen* Besserung der

Verbrecher beschäftigen will, von der ich im *ersten* Abschnitt erwiesen habe, dafs sie, in Besserungsanstalten bei uns, so etwas unausführbares und unmögliches ist, dafs der Staat sich solche nie zum Zweck machen kann.

Gesetzt aber, man könnte und wollte auch annehmen, dafs es die Absicht sei, mit dieser moralischen Besserung eine physische, das heifst, eine durch Gewöhnen zur Arbeit, Ordnung und Mäfsigkeit bewirkte Besserung zu verbinden: so sind doch die zur Erreichung dieser etwanigen Absicht gewählten Mittel ganz zweckwidrig.

Man will die Verbrecher nicht hauptsächlich mit Arbeiten beschäftigen, welche sie von Jugend auf getrieben haben, und die sie nach ihrer Entlassung ohne Schwierigkeiten fortsetzen können. Man will sie, nach wie vor, zum Raspeln, zum Spinnen, zum Wollekratzen und zu solchen Arbeiten gewöhnen, die sie, auch bei dem besten Willen, nach ihrer Entlassung nur selten weiter treiben und fortsetzen können. Arbeiten aufser der Anstalt will man gar nicht gestatten, und kann sie auch nicht füglich erlauben, weil diese Erlaubnifs in Straf- und Aufbewahrungsgefängnissen, wie ich es schon beim 16ten Satz des vorstehenden Abschnitts bemerkt habe, mit mancherlei Bedenklichkeiten verbunden ist. Man will sogar die Verbrecher zum Theil zu einer einsamen, *geschäftslosen* Einsperrung verurtheilen, und, selbst bei dem Anhalten derselben zur Arbeit, auf ihr *äufseres scheinbares moralisches* Betragen Rücksicht nehmen. — Die *scheinbar moralisch besseren* sollen bei den Arbeiten begünstigt, und mit leichteren, mehr Überverdienst gewährenden Arbeiten beschäftigt, die *scheinbar moralisch schlechteren* aber zu beschwerlichen und groben Arbeiten, wobei weniger Überverdienst zu erwarten ist, angehalten werden; ja man will sogar den ersteren die Wahl überlassen, welche Arbeiten sie treiben wollen. —

An Bestimmung einer gewissen Anzahl von Jahren, während welcher ein Verhafteter schlechterdings in der Anstalt bleiben, und zur Arbeit, Ordnung und Mäfsigung gewöhnt werden mufs, ehe eine physische Besserung desselben *vermuthet* werden kann, ist gar nicht gedacht. Auch die *Dauer* der Aufbewahrung in den sogenannten Besserungsanstalten soll das *äufserliche scheinbare moralische* Verhalten der Verbrecher bestimmen. Ein Attest des Inspectors und Predigers:

> dafs der Gefangene sich mehrere Jahre hindurch untadelhaft betragen, zu einem *moralisch besseren* und geschäftigeren Leben zurück gebracht, und im Stande sei, sein Brod weiter ehrlich zu erwerben, mithin nicht daran gezweifelt werden könne, dafs der Zweck seiner Besserung vollständig erreicht sei,

soll die Entlassung desselben begründen. —

So ist also kein Unterschied zwischen den mehr oder minder gefährlichen, mehr oder minder Hang zum Verbrechen verrathenden Verbrechern gemacht. In Ansehung aller ist vielmehr der Zeitraum, den sie in der Anstalt zubringen sollen, derselbe, und gleich unbestimmt. Nur das *äufsere scheinbare moralische* Betragen soll über die frühere oder spätere Entlassung entscheiden, und der Bösewicht, welcher gut zu heucheln verstehet, wird also früher entlassen werden, als der ungleich weniger gefährliche Verbrecher, der zu einfältig, vielleicht auch selbst zu ehrlich ist, um ein gutes Vorurtheil des Inspectors und Predigers durch Heuchelei und Verstellung zu erschleichen. —

Wer durch *Gewöhnen* zur Arbeit, Ordnung und Mäfsigung eine eingewurzelte Neigung unterdrücken und *physisch* bessern will, dem drängt sich der Grundsatz: dafs ein solcher Verbrecher wenigstens eine gewisse, nicht unbeträchtliche Anzahl von Jahren in der Anstalt bleiben und zubringen müsse, ehe eine Besserung desselben *vermuthet werden kann*, von selbst auf; bei einer beabsichtigten *moralischen Besserung* aber kann man ihn freilich *ohne Inconsequenz* nicht aufstellen, und darum vermifst man ihn auch in dem Entwurf zum Reglement. —

Das beabsichtigte, an und für sich unmögliche und unausführbare *moralische* Bessern der Verbrecher in den Besserungsanstalten führt aber auch noch ein neues, in unseren jetzigen Gefangenanstalten weniger bekanntes Übel herbei.

Man will den scheinbar moralisch besseren *augenblicklich* äufsere Vorzüge bewilligen. Sie sollen bei der Arbeit, bei der Bekleidung, bei der Beköstigung, und bei der ganzen Behandlung, nicht unerhebliche Vorzüge geniefsen. — Was wird davon die Folge sein? Die Besserungsanstalten werden Pflanzschulen der gröſsten Heuchelei und Verstellung werden; man wird Heuchler bilden, wie ich solches schon im *ersten* Abschnitt mit mehrerem ausgeführt habe.

Und wer soll es endlich beurtheilen: ob ein Verhafteter zu den moralisch besseren oder zu den moralisch schlechteren gehört? — Die Direction der Anstalt. — Sie soll das Recht haben, den vermeintlich moralisch schlechteren aus einer besseren in eine schlechtere Classe zu versetzen, und so auch umgekehrt; sie soll befugt sein, die Vorzüge in der Arbeit, in der Kost, in der Bekleidung und in der ganzen Behandlung zu bewilligen und zu entziehen, und soll dabei nicht bloſs auf das fleiſsige oder nachlässige Arbeiten des Verhafteten, sondern *hauptsächlich* auf dessen moralisches Betragen Rücksicht nehmen. —

Eine ganz ungleiche Behandlung der Verhafteten, selbst in den einzelnen Anstalten, ist bei dieser Verfahrungsart unvermeidlich, und sie wird dabei sogar *zum Zweck* gemacht. —

Wie sehr dies allen Straf- und Besserungszwecken zuwider sei, das habe ich schon beim 25ſten Satz des vorstehenden Abschnitts zureichend erwiesen. Ich brauche also hierüber nichts weiter zu sagen, sondern schränke mich nur auf die Bemerkung ein: daſs die neu anzulegenden Besserungsanstalten, auch in dieser Rücksicht, um so fehlerhafter organisirt sein würden, als es nach dem, was ich schon im *ersten* Abschnitt ausgeführt habe, eine ausgemachte Sache ist und bleibt: dafs auch die vorsichtigste Direction schlechterdings nicht im Stande ist, über die *moralische* Besserung, und über den *moralischen* Werth eines Verhafteten mit Gewifsheit, oder auch nur mit Wahrscheinlichkeit, zu urtheilen. —

Und doch will man selbst die in den Besserungsanstalten anzuordnende Classification der Verhafteten nach der *Moralität* und dem *moralischen* Verhalten der Verhafteten anordnen. — Räuber, Diebe, Diebeshehler und Betrüger, welches doch unter den Verhafteten, nach meiner Ausführung im *ersten* Abschnitt, die eigentlichen *Verführer* sind, sollen nicht von den übrigen Verbrechern abgesondert, und noch weniger sollen unter denselben die Verführer von denjenigen getrennt werden, deren Verführung zu besorgen steht; wenigstens ist auch deshalb nichts bestimmt vorgeschrieben. —

Blofs das *augenblickliche scheinbar moralische* Verhalten der Verhafteten *in* der Anstalt soll den Maafsstab zur Classification abgeben. Sie sollen, nach Maafsgabe desselben, bald in diese, bald in jene Classe versetzt werden. —

Die Absicht der Classification kann doch wohl keine andere sein, als dafs man Verführungen verhüten will; wenigstens kann ich es mir nicht als möglich denken: dafs man die Classen nur dazu anordnen wolle, um die *scheinbar* moralisch besseren zu belohnen, und die schlimmeren zu bestrafen.

Ich mufs vielmehr annehmen, dafs auch hier der Hauptzweck der Classification: *Verhütung der*

Verführungen sein soll. Dieser aber kann und wird, bei einer Classification *nach dem scheinbaren äufseren moralischen Betragen* des Verhafteten, nie erreicht werden. Es werden dadurch, und durch das öftere Versetzen der Verbrecher aus einer Classe in die andere, alle Arten von Verbrechern nur erst recht durch und untereinander kommen, und das Gift der Verführung wird desto allgemeiner verbreitet werden. —

Ein wirklich ganz verdorbener Gefangener kann durch List, Verstellung und Heuchelei, wenigstens eine Zeit lang, eine Anlage und ein Bestreben zur Besserung verrathen, wodurch er mit den besseren in Gemeinschaft gebracht wird, und ein nichts weniger als ganz verdorbener Mensch kann dagegen oft, durch Fehler der Aufseher und Officianten gereizt, eine Ordnungsstrafe verwirken, die ihn in die Gesellschaft der ganz verderbten bringt. —

Will man mittelst der Classification den Verführungen der Gefangenen unter sich so viel möglich steuern, so mufs man schlechterdings darauf Verzicht leisten, sie nach dem scheinbar moralischen Verhalten der Verhafteten in den Gefangenanstalten anordnen zu wollen. Der einzige, weniger trügliche und möglichst sichere Grundsatz bei der Classification kann nur aus der Art des Verbrechens, aus dem ganzen vorherigen, bei der Untersuchung ausgemittelten Lebenswandel des Verbrechers, und aus seinem *positiven* Betragen während der Verhaftung hergeleitet werden. Alle nach anderen Grundsätzen angeordnete Classificationen führen zu nichts, und sind zu nichts weniger, als dazu geeignet, den Verführungen in den Gefangenanstalten vorzubeugen, wie ich solches schon beim 26sten Satz des vorstehenden Abschnitts mit mehrerem ausgeführt habe.

Die schrecklichen Verführungen, welche in unseren jetzigen Gefangenanstalten statt haben, und denen nur einzig und allein durch eine *zweckmäfsige* Classification der Gefangenen vorgebeugt werden kann, werden also auch in den neu anzulegenden Besserungsanstalten nicht ausbleiben, und leider! diese so gut als jene nur gar zu bald in Pflanzschulen des Lasters verwandeln.

Dann aber ist und bleibt gewifs alles in der bisherigen traurigen und schrecklichen Lage. An Erreichung der Straf- und Besserungszwecke ist nicht zu denken, und die Zahl der Verbrecher gegen die Sicherheit des Eigenthums, zu deren Verminderung die Besserungsanstalten doch vorzüglich bestimmt sind, wird mit jedem Jahre zunehmen. —

So wenig aber in den neu anzulegenden Besserungsanstalten den schrecklichen Verführungen zweckmäfsig vorgebeugt ist, unter welchen unsere jetzigen Gefangenanstalten erliegen, eben so wenig ist auch zureichend dafür gesorgt: dafs die Verhafteten nicht nackend und blofs in die Welt zurückgeschickt, ihnen vielmehr ein zu ihrem weiteren Fortkommen erforderliches kleines Capital gesammlet wird, und sie unmittelbar nach der Entlassuug noch unter einer genauen Aufsicht des Staats bleiben. Ich halte dies alles für etwas *ganz we-*

sentliches, wenn man die Besserungszwecke erreichen will, und beziehe mich deshalb auf das, was ich hierüber schon im vorstehenden Abschnitt beim 28sten und 29sten Satz gesagt habe.

Es ist also nicht genug, wenn in dem Entwurf zum Reglement bloſs festgesetzt wird: daſs der Überverdienst der Gefangenen gesammlet, gehörig berechnet, und die Verhafteten davon, bei ihrer Entlassung, nöthigenfalls bekleidet werden sollen. Wie? wenn sie nun keinen Überverdienst gesammlet haben? wenn derselbe, wie es erlaubt sein soll, zur Unterstützung ihrer Verwandten verwandt ist, und sie gleichwohl nackend und bloſs sind? Will man sie dann so in die Welt zurückschicken? — Man kann es beinahe unmöglich wollen; aber es fehlt in dem Entwurf zum Reglement an Grundsätzen und Vorschriften, wie dem vorzubeugen sei.

Gesetzt aber, der Verhaftete hat wirklich einen Überverdienst gesammlet, es wird aber derselbe bei seiner Entlassung zu seiner Bekleidung verwandt; so fehlt es wieder an dem kleinen Capital, welches ich in der Regel zu seinem weiteren Fortkommen unentbehrlich halte, und es daher als Grundsatz ansehe: daſs kein Verhafteter in der Regel eher entlassen werden darf, bis für ihn ein gewisses festgesetztes Capital zu seinem weiteren Fortkommen gesammlet ist.

Auch diesen schon oben zureichend gerechtfertigten Grundsatz vermisse ich in dem Entwurf zum Reglement. Es sind, in Ansehung des Überverdienstes selbst keine allgemeinen Grundsätze festgesetzt, und noch weniger ist darinn bestimmt, dafs und wie viel zur Begründung der Entlassung eines Verhafteten gesammlet sein müsse.

An eine Aufsicht über die Verwendung des gesammleten Capitals nach der Entlassuug hat man daher auch gar nicht gedacht; und überhaupt scheint es die Absicht zu sein: die Aufsicht über die Entlassenen hauptsächlich auf die Aufsicht über selbige *in den Werkhäusern* einschränken zu wollen. Wie wenige derselben aber werden sich freiwillig in die Werkhäuser begeben, wo man sie doch auch in der Regel mit keinen andern, als mit *ungewohnten* Arbeiten, mit Spinnen, Raspeln, Wollekratzen und dergleichen, beschäftigen wird? Die meisten werden sicher, wenn es ihnen Ernst ist, zu einem thätigen und arbeitsamen Leben zurückzukehren, ihre erlernten Handwerke wieder treiben, oder sich wieder vom Karren, vom Graben und ländlichen Feld- und Handarbeiten, ernähren wollen; sie werden in ihre Geburts- oder Wohnorte, zu ihren Familien, zurückzukehren wünschen. Wer soll dann die nöthige, heimliche oder öffentliche, Aufsicht über sie führen? — Der Entwurf zum Reglement enthält davon nichts, und doch kann man wohl diesen wichtigen Gegenstand nicht um deshalb mit Stillschweigen übergangen haben, weil man vorausgesetzt hat, dafs die Instruction vom 27sten März 1797 die deshalb nöthigen Vorschriften enthalte. —

Ich habe schon oben bemerkt, dafs diese Instruction nie zur Ausführung gekommen ist, noch auch füglich dazu hat kommen können. —

Was wird also durch Anlegung *so organisirter* Besserungsanstalten gewonnen werden? Ich fürchte: — gar nichts. — —

Und dabei will man die älteren schon vorhandenen Gefangenanstalten auf sich beruhen lassen, sie so zu sagen abandonniren, und sich um die Verbesserung derselben nicht weiter bekümmern, als insofern man sie in so organisirte Besserungsanstalten umzuschaffen gedenkt!

Ich habe es schon in dem *ersten* Theil dieser Schrift Seite 98 gesagt: dafs es an und für sich eine ganz unausführbare Idee ist, wenn man unsere jetzt vorhandenen Gefangenanstalten beinahe ganz abandonniren, und neue, unter dem Namen der Besserungsanstalten, an deren Stelle setzen will. — Der Staat kann die dazu im Ganzen erforderlichen Kosten nicht aufbringen. —

Und auf Berlin, oder auf die Kurmark, ist es bei der Sache doch nicht allein angesehen. Die Gefangenanstalten sollen vielmehr, nach der Allerhöchsten Intention, *im ganzen Lande* verbessert und zweckmäfsig eingerichtet werden.

Gesetzt also, es könnte dies auch, nach dem entworfenen Plan, durch Anlegung so organisirter Besserungsanstalten geschehen, wo sollten die dazu *für das Ganze* erforderlichen unermefslichen Fonds herkommen? —

Aeufserstenfalls wird man sie zum Etablissement *Einer* solchen Besserungsanstalt für Berlin, vielleicht auch für einige Districte der **Kurmark**, herbeischaffen; aber dies alles ist noch lange nicht genug, um *das Ganze* zu verbessern. Das hiesige Institut würde als das *einzige* in seiner Art stehen bleiben, und eine *allgemeine* Verbesserung der Gefangenanstalten *durch das ganze Land* vielleicht weiter entfernt und zurückgesetzt sein, als jemals. —

Dies ist nicht der Wille Sr. Majestät. Allerhöchstdieselben erfordern eine *allgemeine* Reform und Verbesserung der Gefangenanstalten, nicht aber, dafs *blofs hier*, unter Ihren Augen, etwas versucht werde, das sich mit Schein ankundigt. —

Dem Übel wird nicht abgeholfen, und die Klagen des Landes werden nicht gehoben, wenn man blofs der Hauptstadt einen gleifsenden Schmuck anlegt. — —

Doch ich will aufhören zu tadeln, um mich nicht dem Vorwurf auszusetzen, dafs es mir nur um den Tadel anderer zu thun sei. Wer billig denkt, wird mir zwar diesen Vorwurf nicht machen, sondern um so mehr überzeugt sein, dafs ich nur *aus Pflicht* getadelt habe, je schwieriger die Lage ist, in welche ich selbst mich durch eben diesen Tadel gesetzt habe. Denn ich selbst bin ja im Begriff, so eben auch meinerseits mit Verbesserungsvorschlägen aufzutreten, und bin als Mensch, eben so gut wie jeder andere, dem Irrthum unterworfen. Kann ich es nun wohl verlangen, dafs man gegen die Irrthumer, die ich begehen werde, nachsichtiger sein soll, als ich es gegen die Irrthümer gewesen bin, welche ich bei anderen entdeckt zu haben glaube? Nein! ich kann es nicht verlangen, — und ich verlange es auch nicht.

Pflichtgefühl, nicht Eitelkeit, haben mich zu dieser Arbeit vermocht. — Nur die Eitelkeit wird gekränkt, wenn man ihr Fehler aufdeckt; wer aus Pflicht handelt, mufs sogar Freude darüber empfinden, wenn man ihm noch etwas Besseres nachweiset, als er selbst, seines sorgfältigsten Nachdenkens ungeachtet, hatte finden können.

Dies Pflichtgefühl habe ich bei allen denen voraus gesetzt, deren Ideen, Grundsätze, Arbeiten und Entwürfe ich bisher untersucht, geprüft und zum Theil getadelt habe.

Mögen sie und jeder andere, der sich dazu berufen fühlt, meine Verbesserungsvorschläge näher zu prüfen, eben dieses Pflichtgefühl auch bei mir voraussetzen, und eben so offen und freimüthig gegen mich zu Werke gehen, als ich gegen sie verfahren bin, und nach meinem Charakter und meiner Denkart um so mehr verfahren mufste, da mich in diesem Fall selbst meine Pflicht dazu aufforderte.

Kolibri 360 GmbH
Ferdinand-Jühlke-Straße 7
99095 Erfurt, Deutschland
produktsicherheit@kolibri360.de